発達障害児と
その家族を支える
―香川県丸亀市の挑戦―

あいざわいさお　編著

学文社

執筆者一覧(編者を除き50音順)

入江　輝　　スクールカウンセラー(香川県)，臨床心理士(第13章)
大木祐治　　四国学院大学文学部教授，専門：学習心理学(第6・10・11章)
岡田倫代　　香川県立観音寺第一高等学校教諭，臨床心理士，学校心理士SV 他，博士(医学)(第8・16・20・24章)
小川忠司　　公立小学校教頭，香川県丸亀市教育委員会事務局教育部学校教育課副課長(第5章)
熊谷由紀　　スクールカウンセラー(香川県)，臨床心理士(第9・17・23章)
樽本美穂　　元スクールカウンセラー(香川県)，臨床心理士(第18・19・22章)
廣田邦義　　スクールカウンセラー(香川県)，元家庭裁判所調査官，臨床心理士(第15章)
松浦秀雄　　松浦こどもメンタルクリニック院長，医師(児童精神科)，元香川小児病院精神科医長(第14章)
あいざわいさお　編者，四国学院大学文学部教授，学校心理士SV(#0024) 他，専門：発達心理学，学校心理学(第1・2・3・4・7・12・21・25・終章・キーセンテンス集)

協　力(50音順)

香川県丸亀市こども未来部(子育て支援課・幼保運営課)
香川県丸亀市教育委員会事務局教育部学校教育課
丸亀市発達障害児支援協働事業の各事業項目参加の保護者
NPO 地域は家族・コミュニケーション

はじめに

1

　香川県丸亀市は2009年度から「発達障害児支援協働事業」を発足させた。といっても，自治体が主導してのことではない。2009年のその時に至るまでの道のりを思い切り簡略化していえば，当事者のニーズに自治体が応じ続けたことがこの協働事業となった。議会や自治体の一部がこのような事業が必要だからという理由で発足させたのではないことは，本書を通じてもっとも大切に読んで欲しい部分で，僭越ながら「地域における支援」のカタチをみていただきたい。丸亀市が提案公募型の協働事業を市民に示し，私たち（NPOと会沢）はこの機を逃さずに本事業の原型を整えた。

　原型の核心部分は，市役所の部局をではなく，NPOを事業展開の中軸に据えるカタチ（形式）である。そして，まさに，それを採用できたことがこの事業を持続的発展的なものにしている。2009年度以降もNPOを中軸にして，さらに，事業のなかに外部との風穴を空けた協議体を設置して関係者の意見などをオープンに出してもらえる頭脳部分とした。協議体である「丸亀市発達障害児支援協働事業推進委員会」がその年度で行われている（来た・た）事業項目をその都度評価し，修正すべきは早期に為し，次年度へ向けて更なるニーズを受信し，それらに合った支援がどのような形で可能かを検討する。これがこの協働事業の原型でありカタチである。そして，本書の狙いのひとつは，このカタチを世に問うことである。予算がないという言い訳ではなく，どうすれば地域で支援が可能となるかを考える資料となれば幸甚である。

2

　本書の執筆者には，編者としてテーマを示し，そのテーマに沿って執筆して欲しいと依頼した。本書全体の構想も当然だが，その折に示した。まとめてい

くうちに，依頼したことへの応答に執筆者それぞれの息遣いのようなものを強く感じた。編者にできることは限られているが，この熱意と誠実とをどうにかして読者に伝わるようにしたい。そう思った。それを目標に据えると，技術的には，2つのことをすればいいと考えた。ひとつは，編者校正をなるたけ入れないで，書き手の息遣いをそのまま載せることだ。もうひとつは，当初考えていた「全体構想」を一度ちゃらにして，全体の再構成をするという仕事である。ひとつめは，内容的に疑問のある点と，疑問はないが私とは捉え方の異なる点についてはしっかりと執筆者に伝える作業でよかったから，時間的にはむしろ短縮されたかもしれなかった。しかし，2つめは，実は途方もない作業になった。何度か諦めかけた。自身でできないことをしているのではないかと思うようになった。学文社の古い友人であり，私の出版依頼で骨を折ってくれた松尾君には何度となく遅延の弁明を書き送った。最初は10月には原稿を送るといっていたのに，最後は年を越した。申し訳ないと思ったが，今回は妥協，すなわち当初の全体構想に戻ることをしなかった。無理に私の構想に突っ込んでいけば，書き手のよさを殺しかねないと思った。誠意には誠意を以って応ずる。

　そのようにして，この本は遅滞しつつ，私なりに出版前の改訂を重ねた。各執筆者の分担箇所に「リードコピー」のように「当初の依頼（テーマ）」を記した。ト書きみたいなものである。かれらはこのテーマへの応答を記したのである。

❸

　本書は，少し変わった趣向である。第1部「丸亀市発達障害児支援協働事業のあらまし」は，香川県丸亀市に誕生して発展し続けている「丸亀市発達障害児支援協働事業」それ自体を取り上げている。第2部「心理学の仕事と地域支援」は，地域支援と心理学との出合いをイメージした。第3部「実践」は，本事業で「相談員」として動いてくれているメンバーたちの筆による率直な考えの集積である。ほとんどが相談員の筆によるから，特に第2部と第3部の垣根

は低いものである。いろいろな点で不十分さはあるかもしれないが，是非ともお読みいただき，それぞれの地域での支援の継続実施に役立てていただければ，この上ない喜びである。

2015年6月

編者　あいざわいさお

目　次

はじめに　*i*

第1部　丸亀市発達障害児支援協働事業のあらまし

第1章　毎年1,000人赤ちゃんが生まれる町で……*3*
1. NPOスタッフの人数……*5*
2. 専門家である相談員の人数……*5*
3. 合理的な日程調整の方法……*7*
4. 総予算……*8*
5. 地域支援の新しいカタチ……*10*
6. 丸亀市について……*11*

第2章　永久機関としての地域支援:「丸亀方式」……*13*
1. 新しいカタチ……*13*
2. 脱「ボランティア」……*15*
3. (従来の事業項目の)「組み直し」方式とセンター方式からの思考的脱却の必要……*17*

第3章　丸亀方式のカタチ……*23*
1. 丸亀市発達障害児支援協働事業推進委員会設置要綱……*23*
2. スマート・セクレタリー(smart secretary)あるいはインテリジェンス・ビュロー(intelligence bureau)……*27*

第4章　事業対象と事業項目……*31*
1. 発達障害と「(発達障害)等」……*32*
2. 制度的な整備……*35*

第5章　学校教育のなかで丸亀方式を推進するために……*41*
1. 特殊教育から特別支援教育へ……*41*

2. 軽度発達障害児を取り巻くネットワークの構築，啓発事業················ 43
　　3. 丸亀市発達障害児支援協働事業·· 44
　　4. 教育委員会の役割·· 47

第2部　心理学の仕事と地域支援

第6章　日本の心理学における「実践」·· 53
第7章　心理学の仕事の拡大と責任·· 59
　　1. 場をつくるという仕事·· 59
　　2. 心理学の責任と仕事と·· 63
第8章　青年期後期の問題と早期支援：今という点と未来という点を結
　　　　ぶこと·· 67
　　1. 乳幼児期·· 68
　　2. 学童期·· 68
　　3. 思春期・青年期·· 69
第9章　保育所巡回カウンセリングの実際·· 77
　　1. ある母親の言葉·· 77
　　2. 多面的に理解する·· 78
　　3. 「育ち」の見通しをもつ·· 79
　　4. 安心できる人との関わり·· 80
　　5. 親と共に·· 81
第10章　保育所における巡回カウンセリングの実際：保育士へのコンサ
　　　　ルテーション·· 83
第11章　幼稚園教諭へのコンサルテーションの実際······························ 89
第12章　幼稚園・小中学校を巡回する意義と課題·································· 95
　　1. 丸亀市発達障害児支援協働事業における「巡回カウンセリング」············ 96
　　2. 小中学校における巡回カウンセリングの実際：目に見えていない，扉の
　　　向こう側をみる·· 97

3．不適切な養育による問題……………………………………… *98*
　　4．「定型発達とのズレ」という意味での発達障害 ……………… *102*
第 13 章　スクールカウンセリングと巡回カウンセリング ………… *105*
　　1．心理士の職場としての丸亀方式 ……………………………… *105*
　　2．支援の実際 ……………………………………………………… *112*
第 14 章　医療との関連 ………………………………………………… *119*

第 3 部　実　　践

第 15 章　非行・問題行動 ……………………………………………… *127*
　　1．校内暴力 ………………………………………………………… *127*
　　2．オートバイ盗 …………………………………………………… *129*
　　3．ボーダーライン ………………………………………………… *130*
　　4．非行動機 ………………………………………………………… *131*
　　5．再非行と予後 …………………………………………………… *131*
第 16 章　思春期を生きる子どもと保護者の課題 …………………… *133*
　　1．1 つめのカギ「洞察力」………………………………………… *134*
　　2．2 つめのカギ「客観的な見立て」……………………………… *135*
　　3．3 つめのカギ「適切で丁寧な関わり」………………………… *136*
第 17 章　児童と巡回カウンセリング ………………………………… *141*
　　1．小学校で問題となる子どもの行動とその対応 ……………… *141*
　　2．「認められる」ことの大切さ ………………………………… *147*
第 18 章　児童期の発達障害と感情・社会性の発達 ………………… *151*
　　1．感情コントロールの力を育む ………………………………… *152*
　　2．感情の言語化に重点をおいた取り組み ……………………… *153*
　　3．衝動性のコントロール ………………………………………… *154*
　　4．模倣による言葉の獲得 ………………………………………… *155*
　　5．養育者との信頼と愛着形成 …………………………………… *156*

　　　　　　　　　　　　　　　　　　　　　　　　目　次　*vii*

　　6. 愛着形成が不十分だったCさん ································· *156*
第19章　関連機関との連携 ·· *159*
　　1. 保護者の心理的負担の軽減 ······································ *161*
　　2. 偉大なる母的な存在 ·· *161*
第20章　保護者との関わりについて ···································· *165*
第21章　保護者の力 ·· *173*
　　1. 保護者の存在 ·· *175*
　　2. 養育の問題と課題 ·· *176*
　　3. 保護者の力 ·· *178*
第22章　保育士・教員などと共に ······································ *181*
第23章　A子のこと ·· *185*
　　1. 子どもの「居場所」·· *185*
　　2. 子どもの「思い」·· *187*
　　3. 支援者の「思い」·· *187*
第24章　保育士・教員などのスキルアップについて ······················ *191*
第25章　そして，子どもとつくる支援 ·································· *197*
　　1. 手続き ·· *197*
　　2. 子どもと一緒につくる ·· *200*
終　章　場という支援：利用者（主として保護者）とNPOスタッフのコ
　　　　メント ·· *203*
　　1. 「ほっぺ」と「すきっぷ」······································ *203*
　　2. 「はぐみくらぶ」·· *209*

キーセンテンス集　*215*
おわりに　*228*

第 1 部

丸亀市発達障害児支援協働事業のあらまし

第1章
毎年1,000人赤ちゃんが生まれる町で

あいざわいさお

　読者の皆様にちょっとした問題を出したい。気軽に考えてみてほしい。

　(問題)あなたは，人口約11万人を抱えるM市の市長さんだ。
　官民合計の保育所(園)数は約20。小学校数も約20(島しょ部2校含む)。中学校は5校(島しょ部で2校，うち1校は生徒が数年いない)。市役所の組織は，どこにでもあるようなものである。幼稚園・小学校・中学校については学校教育課が担当し，保育所については児童課(各自治体で呼称はさまざま)が担当している。
　1歳半健診時には300名が，3歳健診時には150名が，それぞれスクリーニングで発見され，その後の成長を観察することになったり，受診したりすることになる。これまた，だいたいの自治体での数値(比率)と同じである。
　(以上の記載は，実際の丸亀市とは若干異なる。わかりやすくするために数字を丸めている。)
　ここで，就学前つまり誕生時より義務教育修了までの，発達障害のある，あるいは，その傾向のある子どもたちとその家族を支援するプランを立てることとなった。なお，支援内容には，

・専門家による各幼児・児童生徒についての見立て(アセスメント含む。ひとつの保育所・幼稚園には年に4～5回程度，小中学校には年に5回程度の専門家による巡回，1巡回につき3時間)，
・保育士・教員などへの保育教育のヒント(コンサルテーション)，

- 保護者・家族に対する養育相談（受診の促し含む），
- 年に5〜6回の保護者会（形式は，保護者が約15名，専門家である相談員1名），
- 週2〜3回の保護者が気軽に来室できる集まり（ただし，集まり自体は目的的ではなく，単に関係の保護者やNPOスタッフが管理も含めて在室する），
- 保育士・教員などの勉強会（相談会や質疑応答も含む。担当講師は専門家），
- 年に3回程度のセミナー（保護者を含む一般向け発達障害関連の講義。担当講師は専門家），
- 月2回（1回1時間）の3歳未満の親子で子どもがASD（自閉症スペクトラ障害）様の場合の集まり（親子4組，NPOスタッフ5名，専門家1名），
- 年5回の事業内容の報告と課題解決のための会議（市役所担当部署から書記，関連2部署から1名ずつ代表，NPOスタッフ3名，教員などの陪席者4〜5名，児童相談所から1名，地域の特別支援学校から1名，相談員8名）.

等々がある。

　さて，市長であるあなたは，この事業をどのように展開するだろうか？　次に掲げる項目を埋めてみて欲しい。

- NPOスタッフの人数
- 専門家である相談員の人数（市役所職員ではない）
- 合理的な日程調整の方法
- 総予算

　以下極めて簡潔に，私たちの行っている「丸亀市発達障害児支援協働事業」で出した解を示したい。ただし，毎年「発展」的に本事業内容は充実しており，これに合わせて予算・人員も増加することにはなる。

1. NPOスタッフの人数

　NPOの数としては約10名が必要である。ただし，これは事業項目を兼任することになるから，延べ人数ではない。もちろん，他にフルタイムの専任職に就いていないスタッフがいる。事業の開始期には5名ほどで回していたが，年度毎に発展していく，この事業の実務で2014年度現在その数はやはり二桁必要となった。もちろん，員数合わせでは困るのだ。後述するように，さまざまな場面を担える人物でなくてはならない。本章では，日程調整を取り上げているが，そのことひとつをとってみても神経をすり減らす作業である。PC操作の能力は当然としても，各相談員と，児童課，学校教育課，各保育所，各学校（幼稚園と小中学校），保育士・教員たち，そして，保護者など（青年期や成人期の本人ということも），等々との間に入って調整するのは知的作業に加え，関係調整能力さえ要求される。小さなミスが大きな問題に発展しかねないのだ。

2. 専門家である相談員の人数

　発達障害などを含む子どもの発達全般に明るくて，子どもの行動観察や保護者や保育士・教員などの伝える情報からある程度の見立てができて，カウンセリングのスキルを有する，といったことが最低限の能力的条件であるが，そうした専門家は，8名以上必要である。

　香川県という環境を想像できる人はあまりいないだろう。香川県の総人口（2014年4月）は980,497人で100万人に少し欠ける。もっとも人口が多い高松市が約42万人，本書で取り上げている，われらが丸亀市は約11万人である。都会特に東京都に住む人たちからみれば，吹けば飛ぶような人口であろうが，それは，自分が東京出身であるという自戒を込めていえば，都会人の浅はかさに由来する曲解である。人口が5千万人を超えるのは，福岡県までの8都府県だ。確かに香川県は100万に満たないわけだから人数の少ない県ではある。

　その人数の少なさは高等教育機関の数や教員数に直結する。香川県には幾つ

かの大学があるが，上に記した相談員の条件を満たす大学教員は多くはないのだ。医師は意外に多いが，これも2007年度すなわち文部科学省が特別支援教育に舵を切った辺りから，いわゆる専門医が増したのだろう。2000年を少し過ぎた頃に，保護者などから相談をうけて，私に紹介できる医師の数は数名であった。これは私の顔が狭いということではなく，「発達障害」を情報から読み解け，たとえば当時メチルフェニデートによる薬物療法が可能な医師は，むしろ稀であったし，それは当然である。そもそも発達障害は20世紀の終わる頃まで「精神遅滞」の意であるとの認識の方が大抵の専門家には多かったのではないか。医学部の講座で「発達障害」に特化したそれがあるはずもなかった時代である。

　話が長くなった。そうした県の状況では，8名の専門家を揃える，ということがどれほど苦労の要ることかわかっていただけるだろう。ありがたいことに，心理学の専門家が少ないということで，県下の専門家のほとんどの名と顔とが一致する。幾つかの場面で言葉のひとつや2つを交わしたことのある人たちもあった。学会や勉強会などを開いて保育所・幼稚園から高等学校までの保育士・教員として勤務する人たちとの勉強会なども数多くこなしてきたことは無駄ではなかった。かれらの人望やスキルは推薦書がすっと書ける程度には存じ上げている。かれらも私のことは割と理解してくれている。そんな知己の関係性が果たして役に立つのだ。

　それでも，「条件」というのは，絶対的に揃えておきたい事項である。若く有能な心理士や医師は当然多くいて，その方々にも今後はお願いすることもあろうが，この事業でじっくり後進を今育てているゆとりはない。実績は必ず問われる。楽しく快活に会議で意見交換していても，それはきっちとこなした仕事が前提である。そういうある種成熟した，専門家たちでないと回らない。私が行き，次の人が行き，見立てが大幅にズレているだけで問題なのだ。もちろん，そういうタイミングは想定しているから，今後そういうことがおきれば，きっちと解決する以外にないが，今のところは，そうした見立て違いはない。

不思議なことに，不適切な養育に由来する幼児の問題行動についてもピタッと一致する。会沢スクールがあるわけではない。皆それぞれがそれぞれの現場でこれまで叩き上げてきたスキルが見立てるのだから，そう大きな違いはない。

3. 合理的な日程調整の方法

相談員たちは，それぞれに生業や生活がある。1名は精神科医，2名は大学教員，1名は高校教員，4名は心理士（うち，1名は家庭裁判所調査官を定年退職した在職時期からの友人で，数年間口説いてようやく相談員として名を連ねてくれた）。スケジュール調整というのは9時～17時の時間設定であっても，ひとがいうほど単純ではない。私たちのそれは本務があればそれをこなし，その他さまざまな用事をして，そのニッチ（隙間）を使っていただくより他にない。8名が8様だ。それぞれがまったく異なる毎日を過ごしている。それをどう調整して日程を組むのか。

じつは，このことがこの事業の開始期にもっとも苦慮し，考え抜いた事柄であった。直感的にしか当時は描けなかったことだが，保育所関連を統括する市役所の部署と学校教育課にこの日程調整を任せる案が（当然だが）主流だったし，それが従来の形だ。誰も疑うことではなかった。しかし，私にはこの形が気に入らなかった。今から思えば，それまでの経験で，教育委員会（教委）の日程調整が（これは仕方ないのだが），現場のスピードに合わないのだ。しかも，多忙を極める教委のそうした仕事を兼任しているのは，現場に戻れば子どもたちからは「先生」とよばれる人たちだ。先生にはできないというのではない。東奔西走するかれらの隙間時間に調整するのには限界が自ずとある。

私たちのプランは，この点で当初従来なかった形を描いた。つまり，現場と市役所の部署と相談員との間に，来談希望者たちと相談員との間に，NPOのスタッフを置くことであった。同時に，NPOに一部の業務を委託する形を取った。すぐには決まるはずがない。少しだけだが，時間が掛かった。しかし，今でも忘れ得ないが，自治体の担当者たちは私たちを信頼してくれた。自治体

側にSさんという人物がいたことが大きかったと思っている。傾聴という言葉は今では学部学生ですら知っているが，Sさんは傾聴を重ねて，不明な点すなわち自治体という立場からみたときにわかりにくい内容については率直に意見を述べてくれた。ある種の奇跡がおきたのだと私は周囲には漏らしていたが，Sさんの存在は命運を決する，大きな力となってくれた。NPOの数名と私とSさんとの，この事業についてのやり取りは相当深いものだった。血相を変えて議論した夜が何度もあった。

　私のいう，自治体責任論は付け焼刃ではなかったが，Sさんにしてみれば，厄介な若造にみえたかもしれない。若いわけではないが，本来こうした支援は自治体が率先して市民向けにすべきことで，他の自治体と競争すべきことだとの主張は一切曲げなかった。センター方式を採るのなら，こんな議論は不要である。もっともっと，当事者に近い，当事者のニーズが届く，そんな距離にこの事業を置きたい，位置づけたいという願いが強かった。NPOスタッフがいてくれたお陰もあり，当事者たちとの距離は，敷居が高い市役所を通過しない分，かなり近いものである。市役所も今ではこの「近距離」が市民サービスのひとつになり，相補的な状況，たとえば，窓口にあらわれた保護者にさっとその場で紹介できるようにもなっている。

4. 総予算

　最後に予算の件を述べておきたい。
　一言断らねばならないことがある。事業が継続的に発展していくプロセスで予算が2つの方向から流れることに現在なっている。ひとつは本流たる予算でNPOに「委託費」として流れる川だ。それが各項目の小川に分かれていく。もうひとつは，学校教育つまり別枠の予算で従来成り立ってきた部署からの流れである。これはじつは学校教育課が所掌することになるので，予算としては「みえない」。みえないままだと困るので，第5章で触れられることなる。そちらをご覧いただきたい。なお，保育所の巡回カウンセリングの謝金部分は福祉

部が直接謝金として支払うことになっている。
　さて，委託費は年度毎に増額されてきたが，その詳細はここでは記さない。このご時世に増額という画期的な予算を，この市は組むのだ。地方自治も本気本腰なのだ。2014年度の予算の総額は約570万円である。NPOが委託され，各事業項目などで支出の流れに変換される。そのうち，私たち専門家などへの謝金総額は約150万である。謝金内訳（金額）は，すきっぷ（20万），ハートサポート（12万），セミナー（10万），巡回カウンセリング協議会（15万），個別相談（心理面接）（75万），等々である。スタッフ事務経費が約370万で，時給800円としてそれぞれに稼働した際の支払いとなる。スタッフ研修費などが7万円。保険料3.5万円。光熱水費が20万円。消耗品費7万円。本代を含む備品が12万円である。

　皆さんは，この額についてどう思われるだろうか。毎年約1,000人の赤ちゃんが生まれる都市が捻出する額という観点からは多いと思われるかもしれない。しかし，緊縮予算で回す地方自治の懐具合からすれば痛みを伴う拠出である。発達障害などの支援をどのレベルでしていくかの議論で必要な数字は異なるが，保育所（公立も私立も）と学校（幼稚園，小中学校）の巡回以外の数字としては「知恵」が結集していると思う。
　既存の部署に新たに職員を配置するとなれば，加員せねばならない。相当この領域の知識と市内保育所・学校などの実情を熟知していて，場合によっては指示的なメッセージも発しなければならない。そのような人材は実際各部署ではなくてはならない中堅以上の責任ある役職に就いている。まったく同じではないにせよ，こうした人材を雇用するとなれば，相当額の人件費となる。実際にNPOはたとえば1日3名体制で市役所分室に詰めている。すきっぷなどがあれば，さらに3人，セミナーともなれば7人が駆り出される。これを職員でやり切るのは事実上無理である。また，現行の体制で巡回カウンセリングなどを実施するとすれば，今度は専門家を数名雇用することになる。この人件費が

いくらになるのかは想像できないが，この事業項目を完遂するために，市独自に雇用するのはどう考えてみても無理である。

5．地域支援の新しいカタチ

　丸亀市のこの事業はまだまだ「試みの段階」を出ない。正式にスタートしてから，5年間で結果を整理してああだこうだとはいえない。いえないが，予算という課題をどう解決するかはどの地域でも現実的な課題である。それでも子どもたちにきちんとした支援をするべきであるという責任は，社会の要請で自明のことだ。

　では，どうするか。専門家もNPOも市民も，「子どもたちのことを思うならば」ボランティア「つまり，無給で」仕事して欲しい。そういう自治体もある。それはそれで答えを示してくれればいい。しかし，私はこの事業を展開するのに，無給ということは一切考えなかった。都合に合わせた「ボランティア」論は不毛だとも考えている。学生時代の「ボランティア」は経験を積む場として大事であることは論を待たない。昨今教育委員会がそこに目を着けて，学生を動かそうとする姿勢には賛成しかねるが，若い人たちがそのような経験をするのは，多くの場合，その人たちにもこの世界にとっても大事なことだ。

　では，専門家やNPOもボランティアでいいではないかというのは大間違いだ。明らかにそこに労働がある以上賃金は支払われるべきである。それも相応の賃金の支払いが必要である。きちんとした支払いが為されることによって質的にも高まると私はずっと考えている。なぜか。資本主義の場で生きているからに決まっている。皆毎日の生活を，責任をもって過ごしているのだ。そこで責任ある専門家労働などをするのであれば，当然ペイされる必要がある。

　ボランティア至上論を採れば，どのような仕事もすべからく無償であるべしという，奇妙な議論にすりかわる危険を引き受けることになる。資本サイドに立てばこんなに都合のいい話はない。労働は全部精神論で無償がいいとなるわけだから，それ以外は悪になる。労働は善悪ではない。制度であり契約なのだ。

6. 丸亀市について

　この章の最後に，丸亀市のことを少し書いておこうと思った。しかし，自分の居住している町の説明を求められると，意外に応えるのが難しいものである。自慢話ができるほど知らないし，生まれ育ったわけでもなく，県外から入り込んだ身としては，さらに，讃岐弁も喋れない心細さもあり，困難は増すというものだ。そういうときは，自治体のホームページに頼ることにしたい。以下，抜粋していうと，

(1) 丸亀市は，香川県の海岸線側ほぼ中央部に位置し，北は風光明媚な瀬戸内海国立公園，南は讃岐山脈に連なる山々，陸地部は讃岐平野の一部で，平坦な田園地帯が広がっている。瀬戸内海には本島，広島，手島，小手島，牛島などの島々が点在している。
(2) 広袤(こうぼう)は，東西24.16キロメートル，南北23.82キロメートル。市の陸地部の中央に標高422メートルの飯野山(別名，讃岐富士)が聳え，その北方に青ノ山，中心には土器川が流れ，多数のため池が水辺空間を創出している。総面積は，111.80平方キロで，そのうち島嶼部面積は23.57平方キロ。
(3) 土地利用については，田と山林がそれぞれ約20％と大きな割合を占め，可住地面積比率は73％で県平均52％を大きく上回る。
(4) 温暖少雨のいわゆる瀬戸内特有の気候。気温は，年平均気温が約16℃，冬季でもおおむね5℃以上あり，温暖な気候である。年間降水量は約1,000mm，したがって

図1.1　香川県の位置

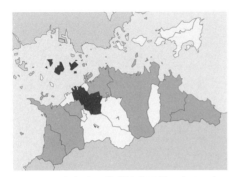

図 1.2　丸亀市の位置（香川県のなかの）

図 1.3　丸亀市内
(http://www.city.marugame.kagawa.jp/useful/map/index.html)

渇水が不安ではある。降水日数は，年平均約 100 日で，日照時間は全国平均よりも高い地域に分類される。

(5) 2014 年 12 月 1 日現在の総人口は 110,444 人（男 53,578 人；女 56,866 人；44,504 世帯）。

といったところである。友人からどんなところと問われれば，「うどんがうまい」「温暖」「住みやすい」と口をついて出てくるところだが，HP で観光のページ辺りにそのことは書かれている（2015 年 3 月 3 日現在，http://www.city.marugame.kagawa.jp/index.html）。香川県は日本一小さな県でもある。その県のなかで，丸亀市は，高松市に次いで人口の多い市である。

　日本のなかでは（図 1.1 から図 1.3 を参照），四国の北部に位置するのが香川県であり，瀬戸大橋完成以後は鉄道での行き来が容易になった。丸亀駅から新幹線の通る岡山駅までの特急乗車時間は約 40 分といったところだ。瀬戸内海を見下ろしつつ通過する列車の窓から移ろう景色は見事だ。特に夕刻西方へ沈み込む陽の光は一度見ていただきたい。瀬戸内上空を飛行する旅客機からみる落日は壮大さと気高さとがある。

第2章
永久機関としての地域支援：「丸亀方式」

あいざわいさお

　中学生の頃だったろうか，新宿へ行くと，「王様のアイディア」という，不思議な店があった。小振りな店構えで，何やらおかしな物ばかり置いてある。そのひとつが，かの水飲み鳥である。グラスの水をツンと突くと暫く危うそうに揺れながら，またツンと水面を突く。それがずっと続くのだ。実はずっとは続かないことは知ってはいるが，この「ずっと」が子ども心には肝心なのだ。隣には見知らぬ，しかし，同じく興味をそそられて凝視している同年齢くらいの子どもがいることもあった。

　永久機関。未来と科学を信じる，アトムの子どもたちは，この言葉に魔法を掛けられたように，強くその「夢」をみた。私の脳裏には新宿駅近くの，あの小さな店でみた品物がしっかり映像として残っている。理科で等速直線運動という概念を学ぶと，ついでのように摩擦という厄介な内容が引っ付いてくる。なるほどと合点がいくより先に，残念な気持ちにさせられたものだ。

1. 新しいカタチ

　本書で，私たちは，香川県丸亀市で展開されて来た・いる，発達障害児の支援事業が「持続かつ発展可能な支援協働」事業であることを伝えたい。自治体が主導でつくったカタチに専門家などが乗るそれではなく，当事者(家族など含む)—NPO—専門家—教員・保育士—自治体が手をつなぎ，今年度よりは次

図2.1　水飲み鳥

年度の内容を発展させ，きっと事業を継続させる，そんなカタチである。この丸亀のカタチは従来なかったもので，これまで誰も真剣には考えてこなかったのだと思う。私にとっては，「永久機関」のカタチである。これを「丸亀方式」とよびたい。

数件の事業視察があった。また，数回の取材の申し出があった。事業内容が個人情報に関わるので，お断りしたこともあるが，少しずつ，この事業が知られていくにつれ，より関心をもっていただいているように感ずる。一度雑誌『月刊福祉』(2011年7月号)の〈シリーズ人と人をつなぐ実践〉のコラムで取り上げていただいたこともあった。そのことを私はブログで以下のように記した。

> （この記事を読んで頂くことで）協働事業が連携方式によって支えられていることも少しは伝わると思います。すでにご存知の方々が多いと思いますが，行政的には，発達障害児・者支援センターといった，センター方式を採用するところが多いように思います。センター自体は必要です。各都道府県にひとつはないと本来は法の趣旨からいっても困ります。ただ，センター常駐のスタッフや建物を含む予算には限度があります。限度のない予算では普通は破綻してしまいます。すると，どうしても，萎縮したセンターをつくることになり，サービスをうけられない，あるいは，うけにくい当事者が存在してしまい，その当事者は我慢することになりかねません。
>
> 　各地域に，支援センターをつくるだけの潤沢な予算があるところは少ないでしょう。もちろん，だからといって，つくらなくてよいといっているわけではありません。考え方というか，目先を変えて，地域の人材と連携するという方式もいいのではないかと思います。詳しくは，また，書かせていただくか，どこかでお話をしますが，本事業の場合は，地域のNPOを含む，人材を柔軟に活用して，ある程度の成果をあげています。もちろん，それで100％だということはできません。足りないことはたくさんあります。また，センター方式は設計図を超えられませんが，連携する方式を採用すると，成長する側面が生まれます。世の中，いつからか，トップダウンとうるさい。たぶん，仲良くなる力があまりない人たちが考えると，トップダウンになるのでしょう。事業を育てていくには，仲良くなる能力が必要だと思うのです。
>
> 　　　　　　　　　　　　　　　　　　　　　　　　　　　　2011年8月

※ブログ自体は現時点で存在するが，閉鎖する予定もあるので，URL は引かない。

　永久機関とまではいかないが，はたして，この丸亀のカタチは，少なくとも持続可能でしかも発展し続ける，そんな魔法みたいな事業として続いている。今後もそうありたいと願っている。発達障害児と保護者などの当事者も含めて作り上げていくことを可能とするカタチが必要なのである。そして，心理学や医学の専門家同士で意見を交わしながら，提案を行い続けて，質をあげていく。NPO や自治体の職員たちも意見や要望をしっかり伝えてくる。学校教育課は事業利用でもっと回数を増やして欲しいとして，私たちは相談員を増員するのに苦心している。誰でもいいというわけではないからだ。

2. 脱「ボランティア」

　さまざまな葛藤や相剋はある。しかし，目の前にいる当事者（子どもが中心）の存在は目を閉じても消えない。しっかり目を見開いて，この子たちが成長できる場を拵える責任が大人にある。

　発達障害児・者の支援の仕方や仕組みを研究者の端くれとしても，また，自身が AD/HD 圏内にある当事者としても考えてきた。ちょうどそんな折，同じ地域の NPO から声が掛かる。「発達障害の子どもたちについて理解したいので，勉強会を催してほしい」。「NPO 地域は家族・コミュニケーション」からであった。一度ではとても伝え切れないので，4 回に分けて勉強会を開いた。参加者は NPO の数名と私という，小ぢんまりした，品と感じのよいものとなった。皆が勉強家だからだった。まだ，東北で大きな地震が発生し，原子力発電所が凄惨な事故をおこす 5 年前だった。勉強したいというシンプルな欲求があるだけで，謝金もなし，弁当もなし，の勉強会が楽しみだった。ワクワクしながら，パワーポイントのシートを埋めていったのを憶えている。

　勉強会をしていくうちに，発達障害児の地域支援が必要だと考えているが，

どうだろうか，との打診を同NPOよりうける。もとより，そうしたかったから，即座に引き受けた。生来の事務仕事の苦手な私に，事務仕事がかなり上手で有能なNPOが一緒にいてくれるというのはありがたい，大袈裟だけれど，私自身も救われると思った。この事務仕事の苦手さが近い将来に永久機関的なカタチを産み出すとはこの時考えてもみなかった。その後は，香川県丸亀市役所が提案する地域支援活動への援助金公募（提案公募型）に応募し，運良く，わずかばかりの事業資金をえて目処が立った。この資金が途切れた時には厚生労働省の公募に応募し手掛かり・足掛かりを備え，やがて自治体と協働で走り出す準備をすることとなった。

　丸亀市発達障害児支援協働事業の前身が誕生した。ささやかだが，自分たちなりに納得できる出発だった。なぜなら，地方のお金のあまりない自治体で展開するチャンスは，これまでなかった「支援のカタチ」を具現化する，またとない機会だったからである。同時に，NPOと私とに，このカタチで実際に事業を回転させるという経験が積まれることとなった。NPOはこの時の経験を通じて，この事業での「事務」に確固たる自信をもつようになっていった。

　支援はボランティアで，という掛け声で始める場合もあろう。私はこれとはまったく違う意見である。単純にいえば，そこに労働が産まれるなら，その対価は支払われるべきである，というのが私の考えだ。1時間いくらいくらという決め事はことさら大事である。技能にはきちんとした報酬が為されるべきである。資本論としても当然だが，また，そうでなければ，日本の臨床心理の若者たちは少なくなり，学ばれなくなる。そして，研究も衰退していく。時間を拘束する事務労働には時給での決め事などをきちんとすべきだ。「そうじゃない。ボランティアが美しい心の具現である」との意見があり，実際，そのような前提で自治体主導の発達障害児支援（の協働）が為されている地域もある。それはそれでいいと思うし，議論の余地は持ち合わせているが，特段批判する点はない。ただ，私自身はそういう在り方とは考え方が異なる。

　以下に，本事業の経過を置く。

2005 年　NPO が丸亀市提案公募型協働事業に応募(学校教育課との協働)
・専門職，保護者向けセミナー
・保護者相談，専門職の勉強会
・行政・専門家・医師のネットワークづくり
・巡回相談(2校)，個別相談(2名)の実施
　児童課・健康課・福祉課は共済の形を採り勉強会などに参加
2006 年～2008 年　NPO 独自で活動
2009 年　子育て支援課が発達障害児モデル事業として NPO と協働
・セミナー，保護者の相談会(すきっぷ)
・専門職の勉強会(ハートサポート)
・保育所の巡回カウンセリングを実施
　丸亀市発達障害児支援協働事業推進委員会設置
　　(関係者の連携を図り，事業を総合的にかつ計画的に推進する)
2010 年　子育て支援課が発達障害児支援事業を NPO に委託
・セミナー，保護者向けの相談会(すきっぷ)
・専門職の勉強会(ハートサポート)
・相談員と保護者，相談員と保育士・教員との交流会
・保育所・幼稚園・小学校・中学校の巡回カウンセリング(相談員5名)
・巡回カウンセリング協議会(相談員・子育て支援課・学校教育課・NPO)
　市役所西館の2階部分に「子育て支援課分室」(愛称「ほっぺ」)を開設(6月)：活動の中心となる。2012年度は456人が利用。
2011 年　はぐみくらぶ実施(9月)　対象1～3歳
2012 年～　相談員7名体制に。

3. (従来の事業項目の)「組み直し」方式とセンター方式からの思考的脱却の必要

　発達障害の当事者への支援を進める，との課題は喫緊だ。だから，本来はどの自治体も取り組むべき責任がある。発達障害者支援法は個人的にはあった方がよい法だと考えるが，法の有無より，子どもたちがその地域で生活し勉強し成長している以上，子どもたちの育ちを支援する使命は自治体にある。
　よく聞かれる言い訳がある。「予算がないのです。足りないのです」。教育委

員会や自治体の人たちから何度となく耳にしてきた言葉だ。責めるつもりはないが，始まりかけた話が終わってしまう。折角時間を掛けて県庁まで行って「金がない。金がない」と聞かされる。悲痛な声を耳にすれば，こちらも辛くなるが，自治体の予算が火の車であることなんてわかり切ったことだ。予算がないからできません，といいたいわけではないのだろう。何とかならないかという主張である。県関連の会議でひとりの大学教員が「私たちはボランティアであっても続けるつもりです」と主張し，周囲の私を含む大学教員などへアイコンタクトを求めた。「私たち」には入らない私が，異なる意見であることはすでに述べた。知恵というものは，誰かの「負担」に求めることではない。多くの方々は無償で快く続けている活動があるだろう。それをわざわざ「金がないから，私がボランティアでその欠損を補っているのです」とはいわないし，思ってもいない。ボランティアはそもそもそういうことではない。

　さて，予算なきところで出てくるのが既存の関係事業を束ねる知恵だ。関係事業を見直し，それを関連づけることで一応のカタチを成そうとする知恵は多いし，有効だと思う。ただし，足りない部分，つまり，発達障害はこれまでに自治体が経験してこなかったもので，新たに「発達障害」の項目を既存の項目に加える必要が生ずるのである。うまくすれば，湖南市（竹田契一監修・湖南市糸賀一雄生誕100年記念事業実行委員会編(2014)『発達支援をつなぐ地域の仕組み─糸賀一雄の遺志を継ぐ滋賀県湖南市の実践』）のように上手に組み直すことができるだろう。しかし，私には湖南市の行き方を，丸亀市では採用すべきだとは思わなかった。自治体主導で行えば，「上手な組み直し」ができる。ただし，その内容はすでにあるカタチ(枠組み)を超越できるはずがない。不具合を修正する時には幾人もの「長」が知恵を出し合うが，詰まるところ，不調に終わることは目に見えている。湖南市がその実践を公にしたことを大いに評価し，尊敬するが，10年後の同実践がどのようになっているかを思うと持続性という点ではうまくいくだろうけれど，発展性についてはその未来を私の想像力では補えない。

第2章　永久機関としての地域支援:「丸亀方式」

　丸亀市の人口は大体11万人である。もっともっと規模の大きな自治体で私が育った東京都内のA区を調査してみた。ここは湖南市のような「束ねる」事業ではなく，一冊の障害者向けの冊子を編んでいる。これこれのときはどこそこが窓口だ，というあれである。上手な組み直し以前の段階だ。あるいは，従前のカタチで十分事足りると考えているのだろうか。あるいは，都の方で実施している事業に幾分かを担わせるつもりがあるのだろうか。
　その東京都はどうしているのか。足を運んで調べてみると，東京都発達障害者支援センター(TOSCA)という場で「センター方式」が展開されていることがわかる。専門家もいる。職員(スタッフ)もいる。議論の趣意が異なるのでTOSCAとの比較検討をこの場では行わないことにするが，その代わり，センター方式一般についての問題点を考えてみたい。
　中心なりコア(核)を設置して，そこから放射状に拡大する支援ならいい。そうなら発展的だ。年度経過とともに見直しがなされ，時間は掛かるが，隅々まで浸透する可能性がある。しかし，私たちはこのセンターという呼び名の求心性の問題性に気づかなければならない。利用者(当事者や家族，あるいは，支援者)はこの中心に向かって，出向いて行くことになる。小田急線千歳船橋駅から，不慣れな道を少し迷いつつも行き当たると，ホームページに記載されている「5分」の倍はかかるだろうか。それでも駅からなら歩ける距離である。しかし，どうだろう。同じ東京都でもJRや私鉄を乗り継いで来る利用者もあろう。交通費やその時間，その途中のストレス，等々と気になることばかりだ。
　都の人口は大体1,335万人。11万人の丸亀市の$11^2 = 121$個分である。仮に丸亀市で私たちが実施している各事業への参加者の年の利用者の延べ人数865人(＝すきっぷ125＋ほっぺ178＋はぐみくらぶ124＋個別相談93＋セミナーなど195＋ハートサポート150；ただし，巡回カウンセリングの446人は相談員が出向くので数には含めず)を割り当てると，104,665人となる。もちろん東京都には区部，多摩地域，島しょ，のそれぞれに自治体があり，そこにもセンター的な役割を担うシステムがあるから(役所へ行くと厚めの冊子があり，そこで索引などをみる

と行き当たる）。また，国立の機関もあるから，全員が千歳船橋に行くわけではない。多くは各自治体のセンターなどへ出向く。しかし，各自治体のセンターなどが不整備状態であれば，当事者は行き場を失うことになる。

　本事業も巡回カウンセリングと現場で実施する面接（個別相談）など以外は，利用者たちが市役所分室に来訪するという形式ではある。865回の利用は，ついでの機会ということを除けば，そのための来訪によるものがほとんどだ。本事業では，出向く形の446件の事業があり，年々これは拡大傾向にある。446件は，保育所と学校を合算した2013年度の数字である。446回出向いたわけではもちろんないが，相談員などが現場に足を運んで，主として巡回カウンセリングを行った対象人数がこの数値である。「教育委員会の行っている巡回相談があるから，それでいい」とはいわせない。巡回相談自体はどの都道府県でも回数も時間も減り，香川県では希望する学校1校1回で乗り切っている。予算がない。当初3回なりを実施できたのは，文科省の予算措置があったからだ。現場の声は実際3回では「足りない」であったし，個別に保護者が相談したくとも，そういう制度ではないから，相談員は巡回相談では臨場はすれども大抵は教職員向けのコンサルテーションで締めくくり当日を終了することになる。丸亀市のように，巡回カウンセリングとして，あるいは，保育所・学校という場での面接（保護者カウンセリングが主）でこれだけの数をこなしている例はないだろう。議論の是非もあり，家庭内の子どもの観察までは至っていないが，保育所・学校での子どもたちの現実の行動観察をするには，人口11万人毎年1,000人赤ちゃんの生まれる都市でこれだけの件数をこなすことになる。保護者や教員からの情報だけで子どものことは理解できない。実際に子どもがどう動くか，どう話すか，どううまくいくか・いかないか。現場で子どもを子どもたちのなかで「観る」ことが必要である。この時の動線は，外へ向かうのだ。

　できれば，巡回カウンセリングの現場で子どもたちを観て，必要に応じて保護者面接につなげたい。相談員はすでに現実の子どもたちのことがわかっているから，面接の必要度についても判断できる。相談員が面接を提案する場合に

はなるべく子どもの通っている現場で初回の面接はするようになる。一方で，保護者が養育などで不安や困っている場合の相談は，複数のチャンネルを通じてNPOに届き，NPOはそれを調整して，実際の面接（「個別相談」とよんでいる）につなげられる。子どもの様子を観ていない場合は，初回は受理面接的要素も強いが，市内の保育所・学校に通っている子どもであれば，様子を観に行くことができるし，保育所・学校で初回を実施する場合は，欠席でない限りは少し早めに出向いて観察を済ませておくこともできる。

　相談員が巡回も行い，個別に面接も実施する方式を取り入れたメリットは大きい。相談員がセンターに常駐する方式や，「組み直し」方式でも，現場に赴いて子どもを観るが，教員などへのコンサルテーションのみであって，その後フォローアップが可能な形式を取り入れておかないと，当事者への支援の質はやはり低下してしまう。「組み直し」方式は賢い寄せ集めになるが，合理性という点で向上するものの，ポテンシャルの総和は変わらない。

あいざわいさお

　いくら「組み直し」方式やセンター方式より丸亀方式のカタチがいいんだと主張を続けても，具体的な内容を示さないと説明不足である。ただ，この事業は，皆が夢中で走りながら時に立ち止まりもし，案を出し，実施して，修正しての連続であったから，これから説明する内容は，むしろ，やってみてうまくいったことを，後戻りして説明するという批判があると思う。そして，ある程度それはその通りであり，やってみたら，こういうことだった，ということである。最初から狙ってできたことではないことは断っておきたい。

　しかし，狙ったのは，カタチそのものではなく，事業を持続的かつ発展的事業にすることだ。事業自体が毎年度成長していく。この理想が最初に私たちに共有される理念であった。設計図通りに作り上げて，完成度何パーセントという代物は役人主導でなるほど上出来となるわけだ。でも，この事業は，啓蒙部分にどうしてもウエートを置かねばならない「走り始め」がある。だから，最初はいかに市民に周知するかという課題も突きつけられた。そして，予測通りに利用者は年々増え，各事業項目の頻度も多くなった。相談員も当然ながら増員した。

1．丸亀市発達障害児支援協働事業推進委員会設置要綱

　自治体との協働事業というのは，自治体の関連部署から専門家などに依頼する「現場派遣」事業ではない。そこに，何らかの装置をつくっておかねばならない。当時の私に装置の発想はあったが，これは当時児童課職員だったＳさんの指南に頼った。「要綱」をつくり，公けにすることだと教わった。これは

心理学には発想しにくいことだし，むしろ，その方が今までつないだことのなかった手を握り合い，前進するという醍醐味がある。

　丸亀市発達障害児支援協働事業推進委員会には，次のメンバーがいる。陪席(オブザーバー)を含む。

- ・庁内関係各課(幼保運営課(＝子育て支援課(＝児童課))，学校教育課，福祉課，健康課)
- ・保育士
- ・教員
- ・関係機関(西部こども相談センター(児童相談所)，香川県立丸亀養護学校)
- ・NPOスタッフ
- ・当事者
- ・相談員

　年に5回とはいえ，これだけの人数を集めて議論を尽くすのには土曜日の晩を不躾にも利用せざるをえない。しかし，どのメンバーも忌憚ない意見を届けてくれる。わからないことは質問してくれる。この事業にはそういうレベルのメンバーが集まるものなのだろうと思っている。

　さて，要綱は，次の通りだ。(2015年2月25日現在丸亀市役所のホームページに掲載されている。http://www.city.marugame.kagawa.jp/JoureiV5HTMLContents/act/frame/frame110000791.htm)

○丸亀市発達障害児支援協働事業推進委員会設置要綱
制定：平成21年5月12日告示第18号
改正：平成23年3月24日告示第12号
　　　平成26年2月18日告示第8号

(設置)
第1条　発達障害児とその保護者並びに関係者を支援することを目的に実施

する発達障害児支援協働事業を，関係者の連携を図り，総合的かつ計画的に推進するため，丸亀市発達障害児支援協働事業推進委員会(以下「委員会」という。)を設置する。

(所掌事務)
第2条　委員会の所掌事務は，次のとおりとする。
(1)　巡回カウンセリングの実施に関すること。
(2)　保護者を対象とした相談事業の実施に関すること。
(3)　保育士及び教員などを対象とした相談事業の実施に関すること。
(4)　保護者や関係者を対象としたセミナーまたは講演会などの実施に関すること。
(5)　その他発達障害児支援協働事業の推進に関すること。

(構成)
第3条　委員会は，委員15人以内をもって構成する。
2　委員は，次に掲げる者のうちから市長が委嘱する。
(1)　学識経験者
(2)　市立保育所の代表
(3)　市立幼稚園の代表
(4)　関係行政機関などの職員
(5)　地域における児童福祉の関係者

(委員の任期)
第4条　委員の任期は2年とし，補欠の委員の任期は前任者の残任期間とする。ただし，再任を妨げない。

(会長及び副会長)
第5条　委員会に会長及び副会長を置き，委員の互選によって選出する。
2　会長は，委員会を代表して，会務を総理する。
3　副会長は，会長を補佐し，会長に事故あるときは，その職務を代理する。

(会議)
第6条　委員会の会議(以下「会議」という。)は，会長が招集し，議長となる。

（庶務）
第7条　委員会の庶務は，丸亀市こども未来部幼保運営課において行う。

（その他）
第8条　この要綱に定めるもののほか，委員会の運営に関し必要な事項は，会長が会議に諮って定める。

附　則
　この告示は，平成21年5月12日から施行する。
附　則（平成23年3月24日告示第12号）
　この告示は，平成23年4月1日から施行する。
附　則（平成26年2月18日告示第8号）
　この告示は，平成26年4月1日から施行する。

　無駄のない内容であるのは当然である。その道のプロが意を汲んで作り上げたのだから。さて，どの条項も大事なのだが，維持発展という点からは，この「丸亀市発達障害児支援協働事業推進委員会」自体（以下，「推進委員会」とよぶ）が必要なのだ。

　第1章の問への答の部分ともなるが，推進委員会という協議体を市役所内に位置づけ，本事業のメンバーと現場や関係者たちが集うことで，今進んでいる事業項目をモニタできる，そして，次年度に向けて，さらなる修正が可能となる。たったこれだけの，極めてシンプルな装置だ。私はSさん初め市役所の職員たちに，初めてきちんとした評価をすることができた。これまで公務員という枠組みだけで，そういうメガネでみていたことを恥じねばならない。かれらの知恵は「発展」に寄与する。

　センター方式にもこうした協議体が導入可能だ。しかし，どうだろう，既存の「できあがった」方式に変更を加える議論はしにくいのではないだろうか。自己完結的な方式の宿命であろうし，それ自体が否定されるものではないが，事業が成長していく仕組みは工夫しにくい。外部委員も当然チェックアップするだろうけれど，評価すれども制約つきの改善は「成長」ではなく，「修正」

であろう。

　もちろん脆弱な点もある。協議体ではあるが，決定機関ではない。これまた当然のことで，自治体の次年度についての決定者は議会である。否，むしろ，そうした幾重にも事業について評価・協議する部分のあることは「推進委員会」の制約であり弱さではあるが，このプロセスを通過することで，より強固にこの事業の発展と維持が見込まれるのだと思う。議会も議案として対象化してこの事業を評価することは必要なことだ。

　現在推進委員会の会長(議長)は私が引き受けているが，「雇われ」会長という性格からは程遠い。雇われならば，市の意向が示され，議長役として委員会に諮問する「進行」係であり，大抵の自治体でこの手の委員会は大学教授や弁護士などが有識者として務める。私は確かに大学教員であり，別の自治体ではこの手の委員長をしてきたし，現在も務めてはいる。しかし，この推進委員会では，会長が各方面からの評価などを吸い上げてそれを議題としてセットする。もちろん，進捗を共有する趣旨もあり，議題としてそれらは固定的だが，ひとたび批判なり疑問なりが呈されれば，それを推進委員会で慎重に真剣に議論していただくことになる。「シャンシャン」大会という議論のない会議を自嘲する言い方があるが，シャンシャンとはならない。わからないと予期せぬ方向から質問が飛ぶ。少しでも(そんなつもりはなくとも)現場を軽んじるような発言をしようものなら，陪席からも鋭い切っ先が議長に向けられる。こういう議論がなければ，事業は成長しない。

2. スマート・セクレタリー(smart secretary)あるいはインテリジェンス・ビューロー(intelligence bureau)

　以上のように，事業の持続発展なり成長なりを計画のなかに入れる工夫をまず私たちは行った。私たちが行った工夫のうち，ここに取り上げるNPOの活用方式は，まず他にこれも例をみない。

　NPOが「スマート・セクレタリー」あるいは「インテリジェンス・ビューロー」

として常駐に近い形で所掌してくれることで，幼保運営課（子育て支援課），学校教育課，各保育所，各学校，各保護者，等々からのそれぞれの用件を処理して適切に相談員などに伝え，日程調整を行う。"smart secretary" とは「賢い秘書」のことである。相談員は皆この事業の専任ではない。非常勤的パート的な存在である。それゆえに費用も安価で済むが，いついつどこそこへこれこれで出向くという「予定」を調整するのは実に煩瑣なことである。既述の通り，そういうことが苦手な専門家にとってはこちらの予定をあげておいてうまい具合に調整し，変更があれば対応してくれる，そんな「秘書」が必要なのだ。日本語にはあまり馴染まないし，その証左として日本語で「情報」と訳出される，元の用語には "information" でなく "intelligence" のことが多い。特にそれが装置（device）としての機能を重視するのなら，これに "bureau" を付ける。FBI の B はこれで I は「情報」である。"bureau" はちょっと大きめの机をイメージさせるのが第 1 番目の意味だ。米国式の言い回しでは○○局となる。さて，秘書的な役割に加え，この「知性」を意味する情報を管理する局というのが，この NPO のさらに重要な役割・機能のひとつになる。巡回カウンセリングのレベルであれば，学校教育課と幼保運営課（子育て支援課），時に学校単位からその希望が届き，日程調整を行えばいい（秘書的役割）。事業が発展していくと，これに加え，さまざまな情報が届き，それを処理しなければならない。情報を処理するというのは「手続き」論だけでは済まない。たとえば，ある保護者が子育てのことで悩んで個別相談を希望するという時，NPO は片っ端から相談員に電話やメールをするわけではない。その子が保育所に通っているのであれば，そこの相談員を検討する。日程調整上無理があれば別の相談員を当てがうことにもなる。相談員の得手不得手や当事者との身分関係など（親族である場合や近隣に居住している場合も地域ならではだが，検討する内容である）も含めて調整する場合だっておこる。他機関との連携や外部機関からも人をよんで支援会議などを催すとなれば，外部機関とのパイプがある相談員の方が話が早いこともある。これは，単に 2 カ月を見渡せる罫線つきホワイトボードの予定表を埋める

作業ではない。情報を解釈して整えてやりとりせねばならない。NPOで無理な場合は会長である私や役所内の関係部署との調整のための打ち合わせを行う。もちろん，これは規定に書かれているわけではない。それぞれの立場がもつ「機能」の項目にあるという柔軟な判断をして，よりよいと思われるやり方で対応する。

　ここで問題となるのは，セキュリティである。公務員以外の立場で個人情報に触れることが問題であるとの指摘は十分に考慮されねばならない。私の意見はシンプルだ。それは携わるNPOの質に関係する面と，当事者などがそのことを納得することが前提であり，これらが揃えば，ルール上問題なければいい。役所の各部署の担当者がこれらの事務を行うと，まず時間的なロスがあり，相談員の日程を確認調整しなければならない。第一この事務は年間を通じて，重要であり，膨大な項目に及ぶので，各課がバラバラに行うメリットはまるでない。

　NPOは，各課，各保育所，各学校，各保護者，等々と，私たち相談員との，スマート・セクレタリー（賢い秘書機能）でありインテリジェンス・ビューローであり，各課の行った時の摩擦をほぼ無くす永久機関用のベアリング（軸受け）になっている。永久なんてことはないのだが，摩擦が少ないぶん回転は継続する。各課がバラバラで行うということで予め見越されるミスも最大限減らせる。

第4章
事業対象と事業項目

あいざわいさお

　丸亀市発達障害児支援協働事業は，その事業の名称に「発達障害」という用語を含んでいる。そもそも，発達障害とは何か。支援の対象は発達障害のみか。自治体がその責任において「支援」を謳う場合，できれば，その対象を確定的に定めておくのは常に必要なことである。文部科学省は，次の3つの障害種をあげている。ただし，「通常学級に在籍する」，「知的障害のない」子どもたちが前提である。

・学習障害(LD)
・注意欠陥多動性障害(ADHD)
・高機能自閉症

　それぞれの障害種についての説明は文科省に譲るが，気になる点を指摘しておくと，知的障害を知能指数で線引きし得るかという問題がある。これは，実際境界線知能のケースや，仮にDSM-IV-TRの時代のアルゴリズムにおいても，適応性が大抵は無視され，単純にIQの数値が資料として一人歩きする。DSM-5を基準に据えると，「高機能＝知的障害のない」という説明力に問題が生ずる可能性がある。訳出の問題もある。LDの"D"は"disorder"の頭文字か"disabilities"のそれか。あまり議論はなされないが，"disorder"を「障害」と訳すか「症」と訳すか。仮に「障害」でも「障がい」か「障碍」か「しょうがい」かと研究者などでも一致はない。もっとも，LDの場合，文科省は当初から"disabilities"の見地に立ち，"disorder"を採用していない。ADHDもDSM

ではAD/HDと"and/or"を含めるが，文科省はこれを入れない。意図がどこにあるのかは不明であるが，従来の公文書に"／"の表記法がなかったという推測が正しいのかもしれない。また，"AD/HD"のADの"D"の"deficit"は「欠陥」ではなく「欠如」や「欠損」という意味合いの方が正しいかもしれない。高機能自閉症に至っては，もともと自閉症に，「言語発達（表出言語）の遅れがあるが，3歳頃から急激に伸長する」グループのあることが認められ，このグループを「高機能自閉症」といっていた。それが「知的障害のない」＝「高機能」という意味に（恐らく）引き摺られてこの名称が用いられ，先の高機能自閉症と一緒になってしまった可能性もある。どちらでもいいではないかという論法はあまりにも乱暴だ。たとえば，小学1年生で言語もありかつ自閉性の特性を有するタイプがアスペルガー障害（症候群）と診断される場合，それは3歳まで言語があったのかなかったのかでは意味合いが異なろう。学校という場では2歳児はいないのだから，それで事足るが，3歳までの支援をする場合，このことは極めて重要である。言語がない場合，「重度の知的障害」と思われるケースは多い。その子は言語がないのに，世界について理解していても知的障害に分類されてしまう例は何度となくみてきた。それがアセスメントの限界であるし，それが「科学」というものだとの主張は，私には興味のない，不毛の見地であり，科学の目的を履き違えていると思われてならない。言語のない，ASD（自閉症スペクトラム障害）の2歳児が「はぐみくらぶ」に毎年やってくる。その子たちも3歳頃には言語表出がみられることが多い。もちろん，「はぐみくらぶ」では，そういうタイプのお子さんたちが対象だからであり，観察の項目には言語がないということも大事だが，彼／彼女が世界を理解しながら行動しているか否かという点はもっと重要である。アセスメントは単純化の道具ではない。

1. 発達障害と「（発達障害）等」

　文科省というところは賢い。他の省庁も同様であるが，勘所には「等」を付

第4章　事業対象と事業項目

してあらわす。漏れがないためだ。診断基準自体ひとがつくったもので，改訂作業は今後も続く。新たな「障害」もあるかもしれない。上にあげた3種だけではなく，「等」としておくのは都合がいい。そして，この場合正しい。

つまり，虐待を含む「不適切な養育(mal-treatment)」に由来する問題がやはりあるからだ。それも，実務に当たる者たちは皆知っているように，決して少なくない。子どもを診る精神科医師はあまり反応性愛着障害(RAD：Reactive Attachment Disorder)の名で診断はしないのだろうと推察する。しかし，臨床的にはそのエピソードは診断基準に近似的であり，教員研修のときなどは，あえて私はこのRADの特性を伝えてきた。なぜか。

教育と保育の現場感覚からすると説得力があるからで，しかも，これはどちらかというと，支援内容に入るが，解決するための方法がその子の改善に役立つことが多いからでもある。不適切な養育であるから，当然保護者面接もするが，そのときに虐待とまではいえない例は理論上も実際も無数にある。同時に，養育の不適切さの責めを相談員などが保護者に負わせるのは役割が異なるし，不適切さという基準もまた線引きできない。大切なことは保護者にどうしたらいいかということを理解し実践していただく，「今」と「未来」の話である。

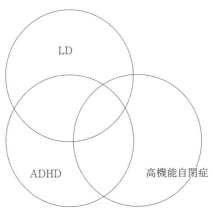

図4.1　文科省の定義する発達障害3種

34　第1部　丸亀市発達障害児支援協働事業のあらまし

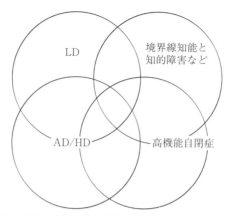

図4.2　実際の保育所・学校に在籍する発達障害「等」

　「(発達障害)等」は，本事業では，ほぼ以上のような事例である。事業名称に「等」を入れなかったのは，誤解を招く表現だからだ。拡大解釈をすれば，「等」はどこまでも広がる概念でもあるから，注意深い使用が必要である。

　図4.1～4.3は，私が2004年につくってさまざまな場面(研修や講演や教員免許更新講習など)でおみせしてきたものだ。LDと知的障害との集合に1点，矛盾があるが，わかりやすさのために改訂は施していない。図4.1は文科省のいう，3種の発達障害である。2012年文科省公表では，小1から中3までの通常学級に通う子どもたちの6.5％がこれら3種のいずれかに合致する。男女差や年齢差はここでは問わないが，男子がより多く，また，学年進行とともに減少していく傾向にある。本事業では，これよりも低年齢の乳幼児も対象となり，比率はもっと高い。

　さらに，図4.2のように，通常学級には知的障害や境界線知能の子どもたちも在籍する。理論上ではなく，現実に在籍し学んでいる子どもたちである。幼児期の段階では，保育所も幼稚園もこれら2種の状態にある子どもたちは比率的にはさらに多く在籍している。

　図4.3は，不適切な養育を含めたベン図である。これらすべてでどのくらい

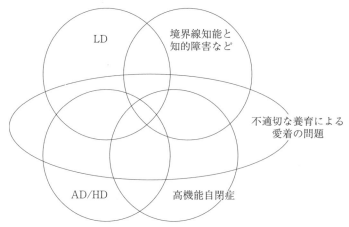

図 4.3 実際の保育所・学校に在籍する発達障害「等」と愛着の問題（解離等）

の割合かを推計できるかは，今後の調査・研究に待つ以外にないが，本事業では幼児期前半（3歳まで）でいうと，これに他の障害を含めて 30% くらいだろうと見当をつけている．頼りになるのは，1歳半健診のフォローアップ対象の比率のみだが，実務感覚上も 3 割というのは近いように思われる．

2. 制度的な整備

　本事業は，毎年度「成長」を続けているから，その完成形を示したうえで制度がこうだといえない．ある時点で切り取ってみなければならない，という前提で本節はお読みいただきたい．以下は，NPO 地域は家族・コミュニケーションにおいて纏められたものを本節に合わせて書き添えたものである．
　事業項目の内容は，

(1) 保護者支援：相談・交流・学習の場を提供し安心して子育てができるよう支援
(2) 保育士・教員支援：関係者が正しい知識をもち子どもを理解し育てること

ができるよう支援
(3) 関係機関との連携：発達障害児支援協働事業推進委員会

の3つに範疇分けできる。以下簡単に説明を付すことにしよう。

(1) 保護者支援（数値は 2013 年度のもの）
① 発達障害のある子どもの保護者の相談事業「すきっぷ」 125 人
　大学教員，臨床心理士をコーディネーターに，発達障害のある子どもの保護者の相談をグループカウンセリング形式で実施する。年 10 回。「すきっぷ」というのは事業開始 2009 年度以前の黎明期にはすでに NPO と私と関係者の意見を聴いて，名づけたものである（2014 年度は「はぐみくらぶ」修了の保護者の会も 1 回加え，11 回開催。平均出席者数は 12 名程）。

写真 4.1　「すきっぷ」の風景

② 発達障害や発達障害ではないかと思われる子どもの保護者のための場の開設「ほっぺ」 178 人
　発達障害の子どもの保護者でもあるスタッフを中心に，保護者が日頃誰にも話せない，わかってもらいにくいことを話せたり，情報交換をしたり，出会える場として開設している。毎週月・火曜日 10:00～15:00。

③ 子どもと親のふれあいの場「はぐみくらぶ」 62 組
　子どもの人との関わりに不安を感

写真 4.2　ある日の「ほっぺ」

じている，1〜3歳児と保護者のための触れ合いの場。第1・第3金曜日10:00〜11:00開催。専門家との連携で実施し，子ども1人にスタッフがマンツーマンで子どもの自由遊びに添いながら関わる。はぐみくらぶ自体は2年間経過しているが，いまだに試験的な運用に止めている。ひとつには，専門家介入をするのが

写真4.3 「はぐみくらぶ」

日程上難しいという理由もあるが，4組の親子に限定的だからというのが主たる理由である。2015年度は介入できる専門家を1名ここに配置して8組に拡大することとした。対象については，ASDと思われる子どもが中心ではあるが，診断先行ではない(2015年度は，さらに4組を加え，月4回開催の予定。ただし，8組を半分ずつ4組として隔週で月2回を予定している)。

④ **個別相談　93人**

すきっぷなどにみられるような，グループ支援ではなく，個人的支援の必要な相談に対して，個別相談の機会を設けている。相談員は巡回カウンセリング相談員のうち7名が対応している。2014年度には，「ま〜る」というニックネームで，個別相談の試験的な「常設」方式を実施している。命名については，もちろん，私たちの住む丸亀には瀬戸内海という宝物の「海」があるというインスピレーションである(2014年度は，2015年2月末の時点で，個別相談が74名，「ま〜る」107名に上り，総計は180名以上になることがすでに判明している。心理学でいう面接の重要性とニーズがますます高まっているといえる)。

(2)　**保育士・教員支援**

① **セミナー，相談員との交流会などの開催　3回195人**

子育て，発達障害をテーマに，保護者や保育士，教員などを対象に開催。ま

写真 4.4　ある日曜日の「セミナー」
テーマは薬物療法。100名以上が集まった。

写真 4.5　「ハートサポート」(保育士・教員等向けの勉強会)
岡田さん担当場面。この日も大勢の先生方が集まった。

た，相談員と保護者や，保育士・教員との交流会。相談員の協議会などを開催している。

② **保育士・教員の発達障害児支援の勉強会「ハートサポート」 150人**

保育士・教員が，大学教員や臨床心理士のコーディネートのもと，事例検討やアセスメントや療育など，テーマごとの勉強会を開催している。年6回(2014年度は，5回開催し，226名を数えた)。

③ **巡回カウンセリング　57回446人**

保育所・幼稚園・小学校・中学校において7名(2014年度は8名)の相談員が巡回し，教員や時に保護者に子どもたちへの関わり方をアドバイスしている。子ども支援という範疇をつくり分類することも可能である。小中学校は年に各校5回，幼稚園は3回，保育所は規模によるが年に4回以上の巡回になる。

毎年度担当する保育所・学校を決め，各相談員と学校の日程を調整して「出向く」支援として実施している。教室場面を中心に観察し，時に面接する場合もあるが，対象の子どもについてのコメントはもちろんであるが，学校や保育所という場にある「子ども」という視点でのコンサルテーションを丁寧に実施している。

④ 巡回カウンセリング協議会

巡回カウンセリング相談員の協議会を年3回開催。相談員，子育て支援課，学校教育課，NPOで円滑な巡回及び保育士・教員支援について協議している。

⑤ NPOスタッフ研修・カウンセリング

年5回。発達障害への理解を深め，関わり方を学び，保護者支援に携わる。また，スタッフたちには，戸惑いも不安も生じる。保護者たちとの関係性で悩む場合もある。時として，そうしたケアも含めた研修も実施する。個別には相談という方途も準備している（2014年度は，スタッフ研修3回，スタッフ・カウンセリング5回）。

⑥ 保育コーディネーター養成

保育所は保育要録や観察メモなど多くの努力を払って子どもたちの様子を保育のなかで書き留めてきた。同時に，各事例についての心理学でいうところのケースカンファランスも実施してきたところである。この制度的な基礎に，保育士としての経験が豊富であり，発達障害などについての理解や見立てが可能な保育士の存在に，現場を回る心理士は気づいてきた。2014年度は，試行的にではあるが，私が行う保育所の巡回カウンセリングの場面に同道していただいた。当然であるが，そこでいろいろな子どもの状況について，説明を求めたり，見立てを聞いたり，支援の方法，それも，担任保育士や加配保育士の力量に合わせた支援の手立てを考えて貰った。

案じた分だけ，その成果に驚くことになった。実に，保育士のセンスは高い。もちろん，コーディネーターに向き・不向きはあろうが，1年5回の勉強会で整理をする時間をつくり，その資質は大いに高まった。次年度も継続することになるが，保育コーディネーターらには実場面で，保育士への助言なども含めて行って貰ったが，その効果は，助言された保育士たちが助かったとのコメントで一致するほどよいものだった。

なお，発達障害児支援協働事業推進委員会については，前章を参照されたい。

小川忠司

⇒市町村という単位の地方自治体における学校教育課が受け持っている,特別支援教育,及び,その枠組みを超えるが,必要な支援について,俯瞰的に著してください。また,子ども支援・保護者支援・教員支援の実態(現状)についても触れてください。そして,予算についての現状と今後の課題を考察してください。事業の黎明期からの携わっている1人として,本事業について思いの丈を記してください。

1. 特殊教育から特別支援教育へ

特別支援教育スタート

　2004年1月に「小・中学校におけるLD(学習障害),AD/HD(注意欠陥／多動性障害),高機能自閉症の児童生徒への教育支援体制の整備のためのガイドライン」(試案)が出されるまで,教員はLD・AD/HD・高機能自閉症ということばを耳にする機会はほとんどなかったと思う。同時に,本ガイドラインで示された「知的発達に遅れはないものの学習面や行動面で著しい困難を示す児童生徒の割合は6.3%」「学習面や行動面で著しい困難を示す児童生徒が40人学級では2〜3人,30人学級では1〜2人在籍している可能性があり,特別な教育的支援を必要とする児童生徒がどの学級にも在籍している可能性がある」という指摘は,学校現場に驚きを与えた。

　その後,2005年12月8日に「特別支援教育を推進するための制度の在り方について」(中央教育審議会答申),そして2006年6月21日に「学校教育法などの一部を改正する法律」と,LD・AD/HD・高機能自閉症などの児童生徒に対する指導及び支援の必要性が文部科学省から正式な形で示されたことにより,

学校現場での対応が始まることとなった。しかし、LD・AD/HD・高機能自閉症などについての知識が十分にない、多くの教員にとっては、指導や支援の必要性は感じながらもどのように行えばよいかわからず、教員たちの不安や戸惑いを抱えたまま特別支援教育はスタートした。

学校現場の課題

　教員の不安や戸惑いについてもう少し詳しく触れてみたい。大きく3点あると考えている。

　1点目は、発達障害に関する知識の乏しさである。これには理由がある。ほとんどの教員は発達障害について大学などで学んでおらず、そのうえ、ほんの数年前に文部科学省からの通知などで知ったのだからむべなるかな。しかし、研修や文献などで知識をえるにつれ、目の前の子どもたちや以前関わった子どもたちの言動に発達障害の特徴を見立て、さらに学ぶことの必要性を強く感じた教員は多くいた。

　2点目は、相談窓口の少なさである。制度変更の周知や発達障害をもつ子どもへの対応の必要性は喧伝されるものの、では、いざ発達障害をもつ子どものことで相談しようとすると、相談できるところがあまりないのである。「機能はわかるが使用法がわからない取扱説明書」のようなもどかしさを感じていた者は少なくない。

　3点目は、ネットワークの弱さである。とかく学校は閉鎖的だといわれるが、それは裏を返せば、専門的な知識と指導法と経験をもった教員がさまざまな課題に対応し、学校内で完結できていたからだともいえる。しかし、発達障害をもつ子どもやその保護者への対応という学校内だけでは完結できない課題に直面したとき、連携できる関係機関や学識経験者、また、医療や児童相談所へのつなぎ方について知っている教員や学校はそう多くはなかった。それは、ネットワークが整備されていないことに起因している。

2. 軽度発達障害児を取り巻くネットワークの構築，啓発事業

提案公募型協働事業

　特別支援教育過渡期の2005年，「NPO法人地域は家族・コミュニケーション」(以下「NPO」という)から，「軽度発達障害児を取り巻くネットワークの構築，啓発事業」を協働で行えないかという誘いが教育委員会学校教育課(以下「学校教育課」という)にあった。事業内容には専門職(教員)向けの育成セミナーの実施や専門職のネットワーク構築などが含まれていた。まさに渡りに船!!　二つ返事で誘いをうけた。

　NPOの方の熱心な企画書作成やプレゼンテーションの結果，提案内容が認められ，2005年9月より事業がスタートした。事業の内容は別項を参照いただくとして，この事業の有効性はNPOから企画をもちかけられた段階から明らかであった。学校教育課としてできることは，学校への啓発と資料の発送のみという非常にささやかなものでしかなかったが，市内の幼稚園，小中学校(以下「学校」という)のうけた恩恵は計り知れないものがあったと思っている。

　ただ，唯一の問題は，助成をうけられるのが1度限りということである。いかに有効な事業であるかをアピールしても，いかに市民や教員から継続の要望があっても助成は1度だけなのである。

静かな反応

　有効性にはある程度自信をもっていたが，反応は意外に静かだった。

　まず，発達障害をもつ子どもに関わる課は他にもあったが，どの課からも，ぜひ一緒に事業を行いたいという要請はなかった。次に，学校や教員にも差があり，積極的に活用を申し出る学校や教員とそうでない学校や教員に分かれ，後者のほうが多かった。

　原因のひとつには，障害者基本法の改正(2004年)，障害者自立支援法の制定(2006年)が矢継ぎ早にあり，担当課は障害者基本計画や障害福祉計画の策定が

大変だったことが考えられる。また，学校に対しての有用性のアピールが十分でなかったことと，限られた予算ではすべての学校の要望に応える取組みが行いきれなかったことが，学校現場の反応が低かったことの理由としてあげられる。

しかし，実際に活用した学校や教員からのこの事業への評価は高く，この事業の有効性は，静かだが，大地に水が浸み込むが如く，ゆっくりとしかし着実に学校そして教員に広がっていった。

3. 丸亀市発達障害児支援協働事業

カウンセリング

提案公募型協働事業のうち，主に学校に関係するのは，専門職（教員・保育士）向けの育成セミナーの実施や専門職のネットワーク構築，そして幼児，児童生徒へのカウンセリングである。特に幼児，児童生徒（保護者も含む）へのカウンセリングは，その対応に悩み対処法を模索している学校現場にとっては，とても有効で，有り難いという声や実施回数増を望む声が高いものであった。

ただ，限られた予算のなかでの実施のため，すべての学校で実施できるほどの回数を組むことはできず，結果，一部の学校でしか実施することはできなかった。

巡回カウンセリング制度の確立

丸亀市発達障害児支援協働事業（以下「本事業」という）発足の経緯は別項に譲るとして，2008年度に本事業がスタートして大きく変わったのは，すべての学校で巡回カウンセリングが行える体制が整ったことである。言い方を変えれば，それ相応の回数が行えるだけの予算の後ろ盾ができたということである。

予算の後ろ盾ができたというと聞こえはいいが，厳密にいえば，当時の児童課が予算措置を講じて発足させた本事業に相乗りさせてもらって実施したというのが実情である。

第5章 学校教育のなかで丸亀方式を推進するために

 とはいえ，専門家にみてもらうことで改善に至る事例が増え，カウンセリングの重要性が学校に認識され始めた頃だったので，すべての学校でカウンセリングが行える巡回カウンセリングの体制が整ったことは，発達障害をもつ子どもの支援，指導の改善が進むとともに，学校における特別支援教育の推進にも大きく寄与した。

学校での活用　その1（保護者と本事業の橋渡し）

 NPOからは，セミナーの開催案内であったり，保護者の相談事業の案内であったりとさまざまなチラシや資料が学校に届けられる。学校は，それを家庭に配布したり，また職員に周知したりする。多くの場合，配って終わりとなりがちであるが，学校ではチラシの活用に一工夫を加えている。

 配って残ったチラシを教育相談担当や教頭などが保管しておき，保護者から相談があったときに，そのチラシを渡すのである。特に工夫というほどではないかもしれないが，一斉に配られたときにはそれほど意識していなかった内容も，「困り感」を抱えているときに示すことで効果はてきめん。セミナーに参加したり，相談をうけてみたりする保護者もいる。

 また，授業参観など保護者が来校するときに，掲示コーナーなど目に付きやすいところに掲示している例もある。学校によっては，学期末懇談会の際，廊下で待つ保護者がみられるように他のお知らせとともに掲示している場合もある。

 保護者の啓発とまではいかないが，悩みをもっている保護者と本事業の橋渡しとなれるよう，学校として取り組んでいる。

学校での活用　その2（教員研修）

 専門職向け育成セミナーは，発足当時からずっと参加している者もいれば，指導で困った際に参加し，悩みを相談したり大学教授や臨床心理士などの専門家や他の教員からのアドバイスを聞いたりしながら解決のヒントをえようとし

ている者もいる。

　一方，学校での教員研修として本事業を活用する事例も増えてきている。巡回カウンセリングで各学校に割り当てられた枠を使って教員研修を行うのである。夏季休業などの長期休業中に行うことが多く，内容は発達障害の全般的な研修から，発達障害をもつ児童生徒の対応という具体的なものへと移行しつつある。専門的な見地からの話やさまざまな事例の紹介は，非常に有意義なものである。

学校での活用　その3（巡回カウンセリング）

　本事業で学校現場がもっともよく活用し，その恩恵をうけているのが，巡回カウンセリングである。巡回カウンセリングとは，学校からの要望をうけ，大学教授や臨床心理士などの相談員が学校を訪問し，発達障害などにより支援が必要な子どもの支援ニーズを把握し，今後の支援に生かそうとするものである。

　一般に巡回カウンセリングとよんでいるが，そのなかには，相談員が学校内を巡回し発達障害をもつ子どもの実態を把握する「巡回カウンセリング」と，特定の子どもについて相談を行う「個別相談」，そして前段でも述べた「教員の校内研修」の3つの内容を含んでいる。

　「もっともよく活用し」と前述したが，実は，開始当初はどの学校も活用したわけではない。しかし，そのよさが学校間，教員間で広まっていくにつれ，どの学校も年間3回の枠を有効に活用し，なかには追加の巡回カウンセリングを希望してくる学校もあった。

　学校が「恩恵をうけた」具体的な例はここには書ききれないが，大きくくくると4点あるといえる。1点目は個々の子どもにあった見立てと対応について適切な助言をえられること，2点目は専門的な知見を有した第三者として保護者に対応してもらえること，3点目は必要に応じて医療などの専門機関につなげられること，そして4点目は学校が気づかなかった発達障害をもつ子どもの発見により事前の対応が行えたことなどである。

巡回カウンセリングの制度が学校のニーズに合致したこともあり，また回数の増を望む声も多かったことから，2013年度からは小中学校での実施回数を年間5回に増枠し現在に至っている。

4. 教育委員会の役割

　ここでは，学校教育のなかで本事業を推進する際，教育委員会がどのような役割を担ったかを振り返ってみたい。同じような活動の実施を考えている自治体や教育委員会の参考になれば幸いである。

軽度発達障害児を取り巻くネットワークの構築，啓発事業発足時

　2005年度に軽度発達障害児を取り巻くネットワークの構築，啓発事業が実施された。この時の教育委員会の役割は，発達障害についての啓発とその対応の必要性の発揚である。教員の発達障害に対する認識のレベルアップが早急の課題だった。

　市内幼稚園長会，市内小中学校長・教頭会などでの説明を何度となく行った。同時に，「軽度発達障害児を取り巻くネットワークの構築，啓発事業」を紹介し，その内容や有用性について話し，活用を推進した。また，NPOからのチラシを学校に配り保護者や教員への配布を依頼した。

　啓発の一方で，発達障害に関する教員のニーズの把握にも努め，それに応えられる対策を講じることもした。一例をあげると，発達障害をもつ子どもへの指導の具体策を知りたいという要望に対して，講師を招聘し，全教員対象の講演会を開催した。

役割の変遷

　本事業がスタートした当初は，教育委員会の関わりは大きくは変わらなかった。しかし，役割の質は少しずつ変わっていった。

　まず，啓発から具体的実践へとシフトしたことがあげられる。当初は，発達

障害に対する認識のレベルアップが最優先課題であったが，ある程度のボトムアップが図られた段階からは，それを具体に活かしていくような啓発に変わっていった。

次に，すべての学校によさを実感してもらえるよう，意図的な取組みを行うようになったことがあげられる。よく保守的といわれる学校現場。必要性はわかっていても新しいことに取り組むのに躊躇するところがみられる。そこで，時には，教育委員会が学校に通達を出して取り組ませることもあった。実際に取り組むことで本事業のよさに気づき有効性を実感できる。そして，それが積極的な活用につながると考えたからである。巡回カウンセリングがそのよい例である。

最後は，予算の確保である。これについては，次項で述べてみたい。

予算の確保

学校教育課はずっと予算をもたない課であった。予算をもたないということは学校教育課としての施策を何も行えないということである。当初，児童課の施策に便乗させてもらって本事業に関わっていたのはそういう理由からである。

しかし，2010年度から予算をもつようになり，それ以降は，学校の巡回カウンセリングの予算を組むことができるようになった。2010年度から2014年度までの予算は下表のとおりである。

2010年度から2012年度までは総額でみると同じであるが，2013年度からは，

表5.1 巡回カウンセリング予算

(単位：円)

	2010年度	2011年度	2012年度	2013年度	2014年度
幼稚園	600,000	600,000	600,000	720,000	720,000
小学校	1,020,000	1,020,000	960,000	1,600,000	1,600,000
中学校	360,000	360,000	420,000	600,000	600,000
合　計	1,980,000	1,980,000	1,980,000	2,920,000	2,920,000

幼稚園で1.2倍，小中学校では約1.6倍もの増額となっている。財政的に厳しく軒並み予算の引き締めが行われているなか，これほどの増額が認められたのは，市長部局の理解，そして議員・議会の強い後押しがあったからだと理解している。機会あるごとに，しっかりやってほしいという激励や応援をうけた。

また，「平成26年度　丸亀市行政評価（外部評価）報告」では，事業内容が高く評価され，さらなる支援の充実が必要であるとして，予算や人員を増やしても，もっと積極的に取り組むべきという意味の「拡充」という判定をえた。

なお，予算の執行率は，2010年度〜2012年度は80％後半であったが，増額後の2013年度は90％後半から100％の執行であった。

さらによりよいものにするために

丸亀市の学校にすっかり定着した本事業であるが，さらによりよいものにするために教育委員会として果たすべき役割はまだあると考えている。

その1点目は，教員の意識の変革である。相談員のアドバイスを実践し成果をあげた経験をすると，相談員からのアドバイスを待つだけの受身型になったり，相談員に即効性のあるアドバイスのみを求めたりするきらいが，一部ではあるが見受けられるようになってきた。自身も教育のプロとして，専門的立場からのアドバイスを，一つひとつの事例だけに活用するのではなく，自身の児童・生徒理解や学級経営に活かせる汎用性を，教員一人ひとりがもてるよう働きかけていく必要があると考えている。

2点目は，NPOとの連携をさらに強力にすることである。そのためには，どんな細かな情報であっても情報を共有し合う体制を整えることが必要である。また，率直な意見交換が行える関係を保つことも必要であろう。率直な意見交換は時にシビアな内容を含むこともあるかもしれないが，ひざを交えて話し合うことで互いの理解がより深まるものと考えている。連携を強力にすることで，さらに適切な支援が行えると考えている。

おわりに

　発達障害児を取り巻くネットワークの構築，啓発事業及び本事業が，丸亀市の発達障害をもつ子どもたちや保護者，そして教員にどれだけの光明を与え続けているか，また，丸亀市の特別支援教育推進にどれだけ寄与したかは計り知れない。丸亀市にこのような事業があらわれた奇跡に感謝せずにはいられない。

　一粒の滴が一筋の流れとなり，しだいにその川幅を広げながら脈々と流れ，その周りにいるものにさまざまな恩恵を与える，そんな様を評して，本事業を川のようだと例えた人がいたが，丸亀にこのように豊かな川があることのありがたさを改めて確認し，さらに滔々と流れ続くことを願っている。

第2部

心理学の仕事と地域支援

第6章
日本の心理学における「実践」

大木祐治

⇒日本の心理学がどういう始まり方をして,現在「実践」をどう位置づけているかを整理してください。

　日本で最初に「心理学」の用語を用いたのは,明治時代初期に教育者や官僚として活躍した西周であるとされている。サトウ・高砂(2003)によると,西周は江戸幕府の役人としてオランダに留学し(1862-67),社会科学や哲学を学ぶなかで「psychologie」に関する知識をえて,それに「性理学」という訳語をあてているのである。さらに帰国後は,ヘヴン(Haven, J., 1857)の *Mental Philosophy: Including the Intellect, Sensibilities and Will* を翻訳して『奚般氏著心理学』(1875)として出版している。この本が日本で最初の「心理学」という題名のついた本なのである。ここで注目すべきは,「精神哲学」の訳語として「心理学」を用いている事である。当時はまだ,心理学的内容が哲学のなかで扱われていた事を示すものである。

　今日では,「psychology」の訳語として「心理学」が定着している。西周以降,このような状況になっていくには,元良勇次郎の登場を待たねばならなかったのである。彼は,1883年から88年までアメリカ留学をしている。最初はボストン大学に籍を置き哲学を学ぶが,その後ジョンズ・ホプキンス大学に転学している。そこで,ホールに師事し,実証的な心理学を学んだのであった。彼は,心理学の内容を学ぶだけではなく,実験や質問紙法という後の心理学にとって重要な技術を日本に持ち帰っているのである。帰国後は,まずは青山学院の教職に就き,合わせて帝国大学(現：東京大学)で精神物理学を教えている。その後,93年になって帝国大学に設けられた「心理学,倫理学,論理学」第1講座の

初代教授となっている。これ以降,「心理学」という学問が大学の文学部のなかで制度化していく過程をたどるのである。

　明治時代の後半になると,大学や高等師範学校に新たに心理学のポストが増設されるのである。まずは,元良の筆頭弟子である松本亦太郎が,1900年に東京高等師範学校の教授として赴任している。その後彼は,1906年に京都帝国大学(現:京都大学)に心理学講座が開設されると,教授として赴任している。続いて,広島高等師範にも元良の弟子である塚原政次が教授として赴任している。ことに高等師範学校では,教育心理学が重要な領域であった事はいうまでもないのである。以来,戦前には15の大学で心理学研究室が設置され,研究が行われていた。

　戦後の日本には,旧連合国が中心となって連合国軍最高司令官総司令部(GHQ/SCAP)が置かれ,そのなかの組織である民間情報教育局(CIE)が教育改革などに関与したのである。高等教育,特に師範学校のあり方が改革された。各地の師範学校で行っていた教師の養成を大学で行うようになったのである。大学に教育学部が設置され教育心理学を担当する教員が配置されたし,教育学部がない場合でも学生に教育職員免許状を与えようとする大学には教職センターが置かれて,教育心理学を担当する教員が配置された。そして,この際に教育心理学を担当した人たちの多くが,戦前の大学の文学部で心理学を学んだ人たちであった。

　上記のCIEの教育改革のなかで,教育心理学の重みづけが高まるのであるが,その中身として当時のアメリカ心理学を踏まえた内容が伝えられたのである。すなわち,「発達」「学習」「人格(適応)」「評価」という,いわゆる教育心理学の4本柱というシステムとその内容が伝えられたのであった。このように,「人格(適応)」の領域が柱のひとつとして設定されたこともあり,臨床心理学や性格心理学も活気づく事となった。特性論的質問紙とその分析方法である因子分析,ロールシャッハ・テスト,精神分析,ガイダンス,カウンセリングなどの技法が次々と紹介され広まっていった。その結果,戦後の日本社会のなかで心

理学が確実にその歩みを進めていく事となった。

　このような状況のなか，実践的な職業として心理学に関わる人たちが徐々に増えていった。そのような人たちのために，資格を整備しようという動きが始まった。日本心理学会，日本教育心理学会，日本応用心理学会の3学会は，1962年に資格認定案起草委員会を発足させるなどして検討を重ねるようになった。さらに1964年に日本臨床心理学会が成立したことにより，資格制定は近いと思われた。しかし，事態はなかなか予定通りには進まず，1988年に日本臨床心理士資格認定協会の設立という形で資格制度が整備されるまで，その後20年以上の歳月を経る事となった。

　この頃の日本の学校現場では，校内暴力，いじめ，不登校，学級崩壊，「キレる」子ども，非行など，児童生徒が示す問題行動の多様化と深刻化が進んでいた。この状況に対処すべく，文部省（現：文部科学省）は国の施策として「スクールカウンセラー活用調査研究委託」事業を1995年度からスタートさせた。初年度には全国の公立小・中・高等学校の154校に配置されたに過ぎなかったが，学校現場での概ねの好評をえて，2000年度には2,250校へと拡大された。そして，2001年度より本格的な国の補助事業に切り替えられ，2005年度には全国すべての中学校にスクールカウンセラーが配置されるようになった。その結果，配置・派遣校は全国で10,000校を超えるほどまでになっていった。

　このスクールカウンセラーとしてもっとも多く採用されたのは，臨床心理士であった。全体の約9割を占めているのである。心理学の専門家が，その資格を生かして社会のなかで大量に受け入れられた最初の事例ではないかと考えられる。しかも，かつては外部の人を受け入れる事を是としない風潮を維持してきた学校という環境においてである。ただ，従事する業務が「心理相談」であるという性質上，既存の教職員とは異なり，児童・生徒の成績評価を行わず，また保護者や他の教職員とも利害関係が存在しない「第三者性」「外部性」を有する心理職専門家である事が大前提として求められる立場であった。勤務形態は，地方公務員法に規定する非常勤の特別職であり，週8〜12時間が原則

となっている。この点は，この職種がまだまだ不安定である原因のひとつである。しかし，このスクールカウンセラー制度を契機として臨床心理士の存在が社会で広く認知されるようになったのは確かである。さらに，現今の大学における心理学ブームの一因になったのも否めないのではないかと思われる。事実，現在では 20,000 名以上が臨床心理士として認定されているし，日本心理学会は会員数が 7,500 名を越えるほどの巨大学会に成長している。

　しかしながら，心理職の現状には，多くの問題点が存在しているのも事実である。そのひとつめは，臨床心理士の収入と就業形態の実状があげられる。日本臨床心理士会が取りまとめた調査では，臨床心理士は大学院の修士課程修了レベルの学歴を課す資格であるにもかかわらず，全体の約半数が年収 400 万円以下の低水準に留まっているのである。就業形態に関しては，「常勤のみ」は 31.8％ であるのに対して，「非常勤のみ」は 46.1％ になっており，まだまだ不安定な状況にある事も否めない。また，スクールカウンセラーに関しても，時間給での任用のため，文部科学省の任用規程での「週 8 〜 12 時間」の時間制限の下では，月給換算すると「8 万円〜16 万円」にしかならない。さらに，保険料・年金などの福利厚生，病気休暇・傷病手当などの社会保障も認められない場合が多く，賞与なども無いため，安定しているとは言い難い状況にある。こうした状況を改善していかなければ，心理職が日本の社会のなかで定着し，貢献できるような方向には進まないであろう。

　2つめの問題点は，日本には臨床心理士以外にも非常に多くの心理士やカウンセラーの資格が存在するが，それらは学会や民間団体が認定する民間資格であり，未だに国家資格が存在しない事である。たとえば，学校心理士・認定心理士・医療心理士や認定カウンセラー・メンタル心理カウンセラーなどである。世界的にみると，欧米諸国は元より，中国・韓国でも心理職国家資格がすでに整備されているのであり，日本が国際的に立ち遅れている状況になっているのである。この状況に対して，既に日本心理学諸学会連合，臨床心理職国家資格推進連絡協議会，医療心理士国家資格制度推進協議会の3団体が中心となって，

心理職(仮称)国家資格制度創設の運動が進められている。実は，2014年度の国会の法案が上程され，審議を経て可決される見込みであったが，突如の衆議院の解散のために，法案は審議もされないままに廃案となり，また先に持ち越された形になってしまったのである。この問題も，日本社会のなかで心理職が安定的な地位を獲得していくためには，避けて通れない大きな課題であり，その成立が特に急がれるものである。

　以上のように，確かに心理職の現状にはまだまだ問題点は残されてはいるものの，臨床心理士の資格やスクールカウンセラーという制度が始まって以来すでに20年以上の歳月が経ち，この間に心理職にある方々が着実に社会への貢献や責任を果たしてきたのも事実である。社会全体としても，カウンセラーに代表されるような心理学の専門家の必要性を認識するようになり，彼らへの期待を高めてきていると考えられる。まさに，心理学が社会のなかで担う役割が徐々に拡大し，それに伴う責任も大きくなってきているのである。

　こうした状況のなか，本事業のように，行政とNPO法人と心理学・医療の専門家が連携協働して，発達障害児の支援をするという形態は，心理職の社会貢献の在り方としては，かなり先駆的な試みであると思われる。全国の自治体のなかでも，このような事業を始めている所はごくわずかである。今後，心理学が地域貢献を果たしていくうえでのひとつの道筋を示しているのではないかと，スタッフ一同が自負しているところである。

引用・参考文献
文部科学省（2007）「児童生徒の教育相談の充実について―生き生きとした子どもを育てる相談体制づくり―（報告）2 スクールカウンセラーについて」
日本臨床心理士会（2009）「第5回『臨床心理士の動向ならびに意識調査』報告書」
サトウタツヤ・高砂美樹（2003）『流れを読む　心理学史　世界と日本の心理学』有斐閣アルマ
Haven, J. (1857) *Mental Philosophy: Including the Intellect, Sensibilities and Will*. New York: Sheldon and Company (Gould and Lincoln).

あいざわいさお

⇒エピソードを示して，新たな心理学の仕事について著したい。

1. 場をつくるという仕事

　「すきっぷ」は主として保護者たちが 10～15 名ほどの規模で集合し，相談員が 1 名，NPO から進行役スタッフが 1 名，さらに時として NPO のメンバー数名が参加するという形式で 2 時間開かれる。時間配分としては，最初の 1 時間を個々の保護者がそれぞれの子育ての近況と相談員に答えて欲しい質問（相談）を話すことに充当し，残りの 1 時間を相談員がそれぞれの保護者の話を整理しつつ全体に向けて，主として解説と相談に対する回答やヒントを提供する。2 時間はあっという間に終了してしまう。当初は，1 時間近く延長したこともあるが，2 時間という形式を守るように努力している。そうでないと，結局だらだらと話を続けてしまって，時間に追われる保護者たちと NPO や相談員への影響が多大であると判断した。「すきっぷ」としての時間が終了したあと，保護者の大半はしばらくその場に残って情報交換を続けている様子がみられる。これはむしろ歓迎すべきことだ。ピアとしての保護者の輪は専門的スキルで回す「場」とは違った味もあるうえ，子育てに悩んできた当事者の声は専門家のそれとはまるで違ったリアリティと説得力がある。様子は NPO がほぼ見守り，これまでなかったことだが，緊急の問題が発生した場合は担当した相談員に，その相談員に連絡がつかなければ，長である私に連絡がくる仕組みだ。一刻を争うような問題はあまりないのだが，補遺的なカウンセリングの必要があれば

担当相談員などがその任に当たることになる。以下もう少し詳しく内容を紹介したい。

「すきっぷ」は，カウンセラーの立場からは，いってみればグループカウンセリングの場である。2時間の前半を，保護者等養育に直接携わっている方々がそれぞれ，

・現在の悩み
・子どもの行動についての疑問
・受診について
・受診後の疑問や感情
・学校や保育所，幼稚園の出来事で気になっていること
・担任などとの関係についての疑問や悩み　　　　等々

を話す。一通り保護者などの話が済むと，担当の相談員が話された内容について，整理しつつ，回答するような形式である。不登校親の会や当事者の会で心理学が積み上げてきた方式である。この点では，私たちは諸先輩たちに足を向けて眠れない。

どこでもやっている方式だからというのは知恵がない。本事業でも「すきっぷ」という場は事業の開始期からずっと続けていて，大半の保護者たちにはなかなか評判のいい集まりとなってきた。当初相談員としては私が一人で担当し，NPOから進行役を1名お願いして，その形式を「第1世代の」保護者たちに理解して，慣れてもらい，その基礎を築いた。

こういうことは実は多くが忘れてしまう。なぜなら，第1世代の保護者たちは，経験を継続すると，その場（すきっぷ）に欠かせないメンバーになってくれるのだ。どういうことか。心理学やカウンセリングの教科書には恐らく書かれていない。「書かれない」ということは心理学研究者・臨床家が気づいていないのか，書き留める価値を認めていないか，の何れかである。

第7章 心理学の仕事の拡大と責任

　そう，場というものはひとが集まって「つくる」のだ。だから，経験すると，自分たちでつくった場のカタチを大切にしつつ，今度は「第2世代以降に参加する」保護者たちに効果的にその「場」が働きかけてくれるのだ。
　たまに次のエピソードと同様のことがおきる。もちろんありのまま記してはいない。

　あるお母さんが「すきっぷ」に初めて参加した。小2女児については，すでに専門医が就学前に AD/HD の不注意(優勢)型と診断していた。保護者としては就学時には，この点を担任に相談しできる限りの配慮をしてくださるように願い出ていた。最初に迎えた1年生1学期は，担任が保護者の配慮の願い，そして，県教育委員会がその仕様を作成している「サポートファイル」が功を奏した。無事に1年間を終えてホッとしていた。そして進級して2年生になると，担任が代わった。1年の時と同様に新たな担任に配慮の願いとサポートファイルも読んでもらっていたはずだった。そうして迎えた1学期終了時の懇談の席で，母親から「学校でボーっとしていたりしていませんか」と質問されると，担任は「まったくそういう(不注意という)ことはありません。静かに座っていますから大丈夫です」と発した。
　ご存知の向きも多いだろうが，不注意型の子どものわりと多くがこの状態なのである。担任にしてみれば，静かに座っている限り「問題」ではないだろう。だから，大丈夫と告げるのだ。
　そして，2学期に入って「事件」がおきる。授業中にずっとペンケースのなかを触り続け，注意しても止めないのだという。悪いことにさらに「事件」がおきる。仲良しの友人を，別の級友が「火星人」といってからかった。すると，突然その子が「○○君は火星人じゃない！」と叫んだ。そしてその級友を突き飛ばしてしまったのだ。
　確かに突き飛ばした方がいけない。そもそも暴力は許されないからだ。それに，「火星人じゃない」という怒り方は，いってみれば揶揄ゆえの嘘を真に受

けたわけである。時として，このタイプの子どもはこういう真に受ける失敗をやらかす。SC（スクールカウンセラー）などがゆっくりその嘘を解説すると大抵はわかるが，からかう（揶揄する）という複雑な行動に直情的に反応してしまうこともある。

さて，担任は1学期の「大丈夫です」から，担任にとってこの厄介な行動を理解しようともせずに保護者に向かって「困ります」と始めた。しまいには「愛情不足」と決めつける。愛情不足ゆえに暴力的で直情的で担任泣かせの行動に出るのだとほとんど感情的に保護者を詰（なじ）った。この手の話は実に多い。SCならほぼ全員が知っているエピソードである。

「私は自分の子どもに十分な愛情を注いでいる」と胸を張っていえる保護者もそれはあるだろう。しかし，多くの保護者は（私だって）自分の子どもを大切には思うけれど，胸を張ってまったく問題なく育て，愛情を注いでいる，とはいい切れない。皆悩みながら子育てをし，後ろめたい思いのなかで子どもに何度も大事にするからねと沈黙の誓いを立てるのだ。

一方で，虐待を繰り返す保護者たちもいるが，ここでも，「愛情不足」は禁句である。教員としての資質が問題として取り上げられる昨今だが，ここで取り上げた件は，人間としてどうかという問題である。こんなにひとを傷つける言葉は他にない。この愛情不足説は，「ちゃんと育てないから，子どもがこうなったんだよ」といっているのだ。

途中泣き出しながらも，おおむねそんなことを，その母親は話を終えた。相談員としては，教員の発言のカラクリも含め，○○医師が診断しているように子育ての仕方に原因・由来する問題ではない。その担任と保護者の間に柔らかな介入をして改善するということを提案し，確認した。続きがある。

私たち相談員はグループカウンセリングを司るスキルが訓練されている。だから，うまくいって当たり前である。もちろん，どのカウンセラーもひやひやしつつ仕事していることだけは確かだけれど，そういう仕事をしている以上，

うまくできなければいけない。強調したいのは，終了後の保護者同士の談話である。そこにたとえば障害や問題行動自体の解決はない。けれども，ここに取り上げさせていただいた保護者は，「来た」甲斐があった。表現を換えれば，来た時間をたいそう有意義に過ごしたというわけだ。どうしてか。

　同じような悩みを抱える・抱えて奮闘してきた保護者の集まりは暖かい。受容的である。「先輩」の母親が「そうそう，それって辛いんよね」，そういうだけで，すーっと緊張が解ける。いくら有能なカウンセラーにもこれはできない。相談員が当事者役を演じるのは余程の技能がなければ失敗する。船長不在の船は波間を漂い難破するからだ。

　「すきっぷ」にはそういう力が産まれることはわかってはいたが，実際はここで「報告している」言葉以上の価値がある。それは，仲間を保護し育てる，人類発生時に神が備えた力に思える。私たち相談員はそこへの導きをする，大事な役目を果たし続けたい。

2．心理学の責任と仕事と

　以前から不登校親の会にしばしば参加してきた。そこではあまり気づかなかった。気づかなかったのは私の力量故であるが，この事業で「すきっぷ」として発達障害などの子どもの親御さんの集まりを(2013年度まで)毎回リードしてみて，そして，上述のようなエピソードがあって，明確に記せることがある。

　入れ代わりは多少あるものの，継続的に参加する保護者たちが「場」を構築していくのだと気づく。そのように企図して設置した事業項目ではあるが，心理学はすでに「実験室」から出る勇気ももった科学である。実験室はもちろん大切だが，ひとは赤色ライトがドアに灯ったなかにいるわけではない。現場である保育所や学校にも顔を出してきた。そして，親の会や当事者の会に臨場しつつ仕事をしてはきた。先輩保護者たちがいる「場」に新参保護者たちが加わる。一見「そりゃそうだ」とみえる風景だが，私たち相談員はこの「効果」をきちんと見据えつつ，次回につなげなければならない。一回一回が単独のいく

らいくらという仕事ではないのだ。1回目があり2回目がある。1年目があり2年目がある。そういう時間的な連続性への視野が必要となる。

　心理学が現場に出向いてから日は浅い。一方で，社会福祉学の方面からはSW（ソーシャル・ワーカー）が多数輩出され，学校などの場で活躍している。私がここに記していることは，少し，SWに似ている。似ていることは同じではない。同じでないことはとても大切だ。子どもたちの活動や保育士・教員の仕事ぶりの観察の場は保育室や教室になるが，従来の相談室業務から「すきっぷ」のような集団の場に，ピアカウンセリング的要素を加味しつつ，持続的発展的に意図して仕事をすることが，これからの仕事のひとつに加えられねばならない。親の会に私たち心理学領域にいる者が漠然と求めた「相談会」的なレベルを，今や遥かに超える企図を盛り込む必要がある。

　第6章で大木が整理したように，西周の留学時（1862-1867）の「性理学」とその後の翻訳『奚般氏著心理学』（1875）から多くの時間が過ぎ，戦後の教育心理学の需要がおき，その後心理学を学んだその人たちが人びとの間でそして人びとを対象とした，いわゆる臨床心理学の仕事に病院や司法や少年保護の現場で携わるようになった。そして，120年後社会制度的ニーズとして1995年にSC（スクールカウンセラー）制度が開始された。SC制度は心理学を学んだ者たちに仕事を産出した。そして，社会的に正当な認知を獲得するのに意味があったし，これからもそうだ。同時期に，心理学の国家資格を，との動きも継続している。いろいろな立場があるのを知っているひとりとしていえば，科学としての心理学が「立法府」のゴタゴタで流れ続けるような状態に身を任せていて大丈夫なのだろうかという不安はある。不安はあるが，私は「雇われ」でない心理学の仕事もこの先大事だと考えている。教育委員会は「心理学の専門家」として使い勝手のよい，臨床家たちや大学教員を上手に雇っている。それはそれでいいし，ありがたいことではある。しかし，そろそろ心理学の方から「主体的に」そして積極的に社会に参加（貢献）するのが適当だと思う。合間で行う仕事として比較的時給の高い「雇われ」カウンセラーや相談員も大事だが，そ

して，そこに国家資格のお墨付きが必要だというのも理解できるから賛同してきた。しかし，「雇われ」ではない，地域支援を構築する主体のひとつに心理学はならなくてはならない。

　私の思う心理学の責任と仕事はこの地域支援を担うことである。既存の制度（カタチ）の型枠に適合することが心理学は上手ではあるが，それに加えて，新しい支援のカタチを提案する責任がある。

第8章
青年期後期の問題と早期支援：
今という点と未来という点を結ぶこと

岡田倫代

⇒定時制高校における「実践」を経験した立場も含め，青年期後期の課題を乳幼児期という起点と関係からまとめてください。

「最初は，信じられませんでした。障がいという言葉が胸にささってしんどかったです」「普通にしているのに，育て方や学校の責任だとばかり思っていました」「今まで，学校や相談機関にも相談しましたが，解決には至らず，ワケがわからないまま時だけが過ぎていました」「本人の性格だから仕方がないと諦めていました」「こういう子に産んだのは，母親である自分だから，自分のせいだと自分自身を責めていましたが，胸のつかえがすうっと下りて楽になりました」「なぜ，私の子どもが，私の家族がこんなに苦しまなければならないのかと暗い日々を過ごして来ましたが，やっと解放されました」「自分一人で苦しむ必要はなかったんだと，やっと気づくことができました」

以上は，高校生になってはじめて医療機関に関わり，やっと診断が下りた子どもをもつ保護者や，高校を中途退学し成人しているが長い間自宅に引きこもり，社会生活から逸脱している子どもをもつ保護者から発せられた言葉である。

全員に共通しているフレーズは，「もっと小さい時からわかっていれば……本人を苦しめずにすんだのに……そして自分たちも苦しまずにすんだのに」である。

一般的に，思春期から青年期にかけての大きな問題は，身体的・性的な成熟と，心の成熟が同じように成熟していかないということであると考える。男の子では射精を，女の子では月経を体験することが大きく，生物学的には大人の男性・女性としての性的な能力をもつことになる。しかし，このような「急激

な変化を遂げていく自分の身体」を受け入れ，それと上手に付き合っていくためには，「急激な身体の変化についていける心」が必要になる。それには，人間の内面すべてを改造するような大変な作業をすることが求められる。すなわち，いかに上手に「急激な変化を遂げていく自分の身体」に心をバランスよく馴染ませられるかということではないだろうか。もしくは，客観的な自分の身体の変化をとらえることができ，心がそれについていけなくても「そういうことなんだ」と理解できる心のゆとりが必要ではないだろうか。

特に，発達障害を有する子どもたちは，自分の急激な身体の変化を受け入れる心のキャパシティが狭いので，客観的にとらえることも，それを受け入れることも難しい。それに伴って，身体の急激な変化を受け入れていく友達との距離が遠く感じられ，心のバランスをうまく取ることができずにつまずいてしまうのである。その結果，子どもたち本人だけでなく，保護者も悩んでしまうことになる。

では，どこにどんなつまずきがあるのかについて考えていきたいと思う。

1. 乳幼児期

多くの保護者が，いろいろな時期の健診で保健師などの専門職から，子どもに対する遅れの指摘はなかったが，不器用さが目立っていたり多動だったと言及する。また何かに集中しすぎることがあったり，少なからずこだわりがあったということも共通している。対人行動でもみんなの輪に入って仲良く遊んでいるように見えていたが，よく思い起こすと，そのなかでひとりで遊んでいることが多かったと振り返る。また少し育てにくいと思う面もあったが，特に手がかかったとは思わなかったとのことである。

2. 学童期

成績上位者や正義の味方的存在の子どもが多い。教師の指示にはよく従い，場合によっては教師の代わりに注意をしたりできるので，教師には好感をもた

れる場合も多い。勉強ができるので,他の子どもたちから一目おかれていたりする。また,多動・衝動傾向にある子どもは,注意ばかりされて自信をなくす時期である。不注意がある子どもは,他の子の邪魔をするわけではないので,いつの間にか置いていかれることも多い。特に抽象的思考が求められる時期につまずくことが多く,勉強がわからなくなり,その結果,勉強が嫌いになってしまう。高学年になると,自分がコミュニケーションを苦手とすることを自覚し始め,会話に消極的・回避的になったり被害感を強めたりする場合もある。そんな状態をみて,保護者は,いじめの対象にならないかと心配をすることもある。

3. 思春期・青年期

　思春期になると,大人しくなり,目立つことが嫌いな子どもが多くなる。家族ともあまり話さず,ひとりでテレビを観たり読書をしたりするようになる。相手が自分のことをどう考えているのかを気にし,相手の行動を意味づけすることに敏感になり,被害妄想的になることが多い。女の子の場合は,年齢相応な服装や態度にも気をつけるようになるが,時に突飛な服装をしてみたり,どこかぎこちなかったりすることが多くなる。多動・衝動性が強い子は,相手のことを考える前に,つい手が先に出てしまったり,言ってはいけないことをつい言ってしまったりする。そのことを,後で反省するのに反省したことも忘れて,また同様の言動をしてしまう。そんな子どもたちに対して,保護者は,「何度言ったらわかるの!」「また,こんなことして!」「また,こんなこと言って!」と言い続ける。保護者は,叱責して子どもの行動を矯正しようとするが,子どもは行動をエスカレートさせるだけで,保護者の言葉が耳に届くことはない。子どもは,とにかく保護者に自分を認めて欲しいのである。しかし保護者は,子どもの行動だけに注目するので,子どもがさらに過激な行動をするようになると,今度は子どもを避けるようになったりする。子どもは,そんな保護者のことが信用できず,自分を認めてくれる誰かを探し,不適切な仲間と行動

を共にするようになるかもしれない。そうなると、保護者は、このままではいけないと焦りながらも、自分の子育てを責め、諦めてしまう場合もある。教師やスクールカウンセラーに相談したり、なかには相談機関を訪れる場合もあり、そこでやっと支援につながったケースも多い。

　しかし、子どもが中学時代にいろいろと問題を抱えて、保護者なりに苦労していたとしても、子どもが高校受験を突破すると、すべてクリアされたと勘違いする保護者もいる。そしてすべてに妙に安心してしまい、子育てを終了したかに勘違いする保護者もいるのである。問題を発見されず見過ごされた子どもは、高校を卒業すると大学や専門学校に進学するか就職をする。一見、順調にみえるが、友人ができなくて孤立することが多くなる。大学では、まず履修計画が立てられなくてつまずく。単位取得に苦戦する。背景にあるコミュニケーションや対人行動への自信のなさが一気に爆発し、中途退学に至るケースも多い。また、何かに没頭するか、漠然とした対人不安を感じながら、空気が読めないながらもサークル活動や部活動に参加し友人を作れる者もいる。しかし、就職活動に入ると、社会的ルールや常識に欠けているため、年齢や立場にふさわしい行動が取れないことが露呈する。大学でいくら優秀な成績を収めても、社会へ出ることが不安になる。自分がどんな会社へ就職したらいいのかわからなくなり、志望理由が書けなかったりする。そして就職を避けた者は、何となく大学院に進学し、学生を続ける。そのうち、このままではいけないと思い、再度就職活動を試みるが、思った以上にうまくいかないので焦る。そして、はじめて自分自身と向き合うことになるのである。その頃になって、保護者は焦るが、不幸なことに高齢になっており、柔軟性にも欠ける傾向にあるので、我が子の現実を受け入れられず戸惑ってしまう。子どもの人生なのだからと距離を置きながらも、悩む日々が続くわけである。

　以上のように、子どもは、乳幼児期から何かしらにつまずいている。少しずつのつまずきを、保護者や保育士・教師が見落としてしまい、無視してしまった結果が、その子の人生を左右するほどの大きなつまずきとなってしまうので

ある。

　保護者や保育士・教師の気づかないところで，発達障害かもしれない子どもの多くが支援を受けられずに苦しんでいる。子ども本人が努力しても同じ年齢の子どもと同じようにはできない場合があまりにも多い。そんなとき，多くの子どもたちが「自分の努力不足だから」と思ってしまう。そして周囲は「躾ができていない」と間違った解釈をする。それを感じた保護者は，ますます「ちゃんと躾けなければならない」と思い，子どもを叱責する。子どもは，「どうしてそんなに怒っているのだろう。お母さんは今日は機嫌が悪いんだ」などと思ってしまい，自分がした悪いことや失敗自体を理解させてもらえないまま，ただ叱責される日々が続く。やがて，子どもは「叱られるのは自分が悪いのだ」と思うようになる。「自分自身の人間性に欠陥があるのではないか」とまで考えるようになる。そして「みんな自分のことが嫌いなんだ！　自分なんかどうせ生きている価値なんてないんだ」とまで思うようになる。すなわち自己肯定感の低下である。子どものなかには，抑うつ症状を呈する者も出現する。

　成長するにつれて，子どもは，大人より友人を求める時期に入る。しかし，思うように上手にコミュニケーションができないことから，友人もだんだん離れていく。自分はただ趣味の話をしただけなのに，気がつけば，みんな自分の周りにはいなくなっていたなんてこともある。また「すごいね！　その服，よく似合ってる！」とか「その通りだ！　そうだよね！」などと，うそをつけない。そのうち学校に行けなくなり，いつの間にか，自分の部屋から出られなくなることがある。最初は「どうして学校に行かないんだ」「いい加減にしなさい」などと罵声を浴びせていた保護者も，そのうち諦めに変わり，何も言わなくなる。いわゆる引きこもりへの突入である。子どもは，誰も信じられなくなり，そのうち誰にも会いたくなくなり，自分自身が，この世から消えたいとさえ思うようになる。自分なりに一生懸命コミュニケーションをとろうと努力したけれど，その時々の相手の言葉が，いい加減に感じられ，あいまいな表現に立ちすくんで悩んでしまうのである。集団行動を強いられ，順番を気にしたり，い

ろいろなものに折り合いをつけたりしなければならない場面にも直面するかもしれない。そして、どうしていいかわからずに、身動きが取れなくなるかもしれない。そんな不安が先に立ち、友人が複数で話している場面では、誰が誰に対して、何を話しているのかがわからなくなるという者もいる。みんな楽しそうに笑っているけど、みんなは、何がおかしくて笑っているのかが理解できないと打ち明ける者もいる。自分なりに、何となく友人に合わせて笑っているけれど、急に空しくなり、その場を離れてしまうほど辛くなる、と吐露する者もいる。

　このように、発達障害を有している子どもは、想像を遙かに超えた辛さを感じながら過ごしている。したがって、自分の意思とは関係なく、自然とそういう場面を避けたり、相手に対して一見配慮のない拒否的な態度をとってしまったりしてしまう。すると周囲から、そんな態度は、自己中心的だとか、わがままだとかいわれ、集団からはじかれ、いじめられ、排除されてしまうようになる。そうなると、今度は、その険悪な雰囲気に過敏に反応し、自分から相手を避け、孤立してしまう。つまり、生き辛さにつながっていくのである。

　もちろん、その状態に的確に気づいてくれて、自分と一緒に悩んでくれる人がいると楽になるが、そのような人がいるわけではなく、周りの理解もえられないので、自分だけでは、どうすることもできなくなり孤立するケースが多くなるのである。

　子どもが集団行動が苦手ということや、忘れ物が多いということはわかっていたが、躾の問題とか思春期だからということで、子どもの発達障害を見過ごしてきた保護者が多い。そんな保護者にとって、もっと早くにわかっていれば、接し方も変わったし、子ども自身だけでなく保護者自身も悶々とした、いやな思いをせずにすみ、周りからのフォローも期待できたのではないかという。

　では、結果的に、悩むことなく、子どもがすくすくと育ち、保護者ものびのびとした子育てをするためには、何が大切であるかについてそのポイントを述べたいと思う。

ポイント1　早い気づきの大切さ

「まさか自分の子が……」人間であれば，誰もが思うことである。しかし，自分の子どもだからこそ，見えるものも見えなかったり，わかることもわからなかったりするのである。いかに客観的に子どもを捉えられるかが，子どもの将来を大きく変えるという認識をもつべきだと思う。詳細については触れないが，筆者の関わったケースで，早い気づきが効を奏した例を紹介したい。

　母親は，30代後半という高齢出産に不安を感じていた。しかし無事に生まれてくれてホッとしていた。1カ月健診，3カ月健診，1歳6カ月健診では，特に問題を指摘されることもなく安心していたが，言葉があまり出ないことが気にはなっていた。筆者が相談されたのはその頃である。「あまり言葉が出ない，出ても擬音語」「名前をよんでも振り向かないことが多い」「クルクルまわるものが好き」等々。他に偏食が多いこと，夜はなかなか眠ってくれないこと，何が気に入らないのか突然かんしゃくをおこすこと，気分の立て直しにかなりの時間を要することも重なり，疲労困憊の日々が続いていた。体力的にもしんどくなり，自分には子育てが向いていないのではないかと不安を訴えた。彼女にとっては，第1子で，どう育てたらいいのかわからないうえに，育児書通りに進まない子育てに母親自身が戸惑っていた。しかし徐々に，「この子は，何かが違う」と思い始め，さまざまな本やネットを駆使して検索を始め，「自閉症」という言葉に行き着くことになる。筆者は，これで医療機関につなげると確信し，彼女の夫にも協力してもらい発達専門外来のある医療機関への受診に至った。3歳以前での診断ではあったが，両親ともにその現状を認識し，目の前の子どもをありのまま受け入れ，適切な関わりをスタートさせた。また，発達障害についても学び，さまざまなサークルにも参加した。子どもには，集団での関わりを経験させようと，3歳から保育所にも通わせた。絵カードも利用した。保育所や他のサークルとも連携した。そして子どもが6歳になったとき，誤診だったのではないかといわれるほど成長した。言葉も上手に発し，友だちとも

仲良く遊ぶようになった。簡単なお手伝いもしてくれるなど，日常生活で，特に困ることがなくなったので，母親は，実は自閉症ではなかったのではないかと思った。「誤診」が頭をよぎった。しかし，担当医と話をするなかで，誤診ではないことを理解した。そして今は何とかうまくいっているが，環境が変わることでつまずくことがあることや，対人関係で戸惑う可能性を指摘され，後に迎える思春期が子どもの次の課題であるということを学び，それに向けて前向きに捉えている。

ポイント 2　具体的な連携方法について

　連携については，本人を理解できる関係機関との連携，すなわち本人を取り巻く支援体制の強化を図ることが重要である（図8.1 参照）。
　しかし以前，筆者が関わった連携でうまく機能しなかったケースがある。それは，上記のように，多様な援助資源を導入しても，事例に関わった各専門家同士の話し合いをもつ場の設定ができなかったことであった。すなわち横のつながりは矢印に示されているように，ひとつの大きなチーム支援として，有効に機能していたかどうか，という問題があった。専門家同士の意見交換の場がなかったため，支援計画を立てたり見直したりする機会をもてず，本人が抱えるその時その時の問題をタイムリーに共有化できていなかったことが反省点としてあげられた。それが原因で，問題点にズレが生じ，時宜にかなった適切な対応ができなかった。したがって，連携において大切なことは，本人を中心とした異なる分野の専門家が，本人の支援の必要に応じて，お互いに密接な情報を交換し合いながら協働することと，そこから得られた情報をきちんと共有し，それぞれが対処していくための適切なネットワーク作りをすること，そして何よりも子ども本人の利益が何であるかの共通認識をもつことである。
　ときに，「やっとつないだのに，こんなになってしまって……」「そうなると思ってつないだのではない……」など，それぞれ関わった者の要望通りにならないじれったさや，期待通りにならないはがゆさが生じてくる場合がある。子

第8章 青年期後期の問題と早期支援

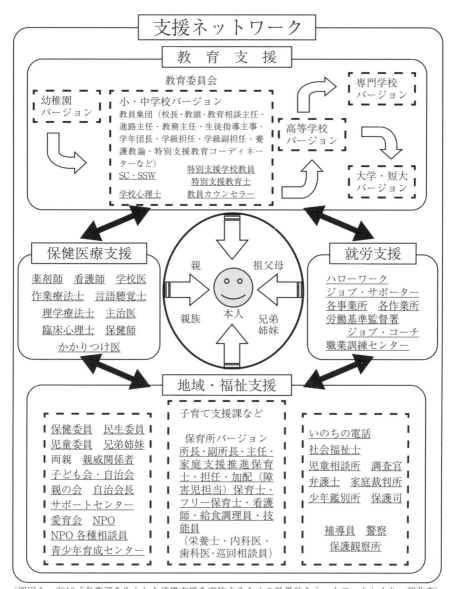

(岡田ら，2010「各資源を生かした連携支援を実施するための効果的なネットワーク」より一部改変)

図 8.1　子どもを支援するネットワーク

どもに対して，どの角度あるいはどの方向から手をさしのべるかが問題であるように，私たち大人にも，実はたくさんの差し出されている手があるはずである。すなわち，それぞれの役割と責任を自覚したうえでの信頼関係に基づいた一貫性のある支援と対応である。「システム」や「共通理解」という言葉だけの一人歩きをさせない，本人中心の連携が問われている。家庭や学校での様子を，できるだけ具体的に伝え合う関係を大切にし，一緒に考える姿勢と，必要に応じて情報を提供できる関係性の構築，すなわち適切な連携が求められると考える。そしてそれぞれの連携先が，情報共有だけでなく，本人の人格を理解した共通認識と，本人の能力を適切にアセスメントしたうえでの共通理解があってこそ，丸亀市のこの事業は発展していくだろうと考える。

文　献

岡田倫代ら（2010）「AD/HDを有する高校生への支援ネットワーク―社会参加に向けた効果的な支援と連携について―」『児童青年精神医学とその近接領域』第51巻第5号，日本児童青年精神医学会，pp.529-538

第9章
保育所巡回カウンセリングの実際

熊谷由紀

⇒いわゆる発達障害児の巡回カウンセリングの前後の評価を中心に記してください。

1. ある母親の言葉

　「この子が困難を抱えているのは自分の責任だ」——まだ学生で母親でもなかった筆者に，ある身近にいた母親がつぶやいた言葉である。その子どもは生まれた時から発達に偏りがみられ，母親はあらゆる相談機関に通っていた。手がかからないからと，寝かせておくことも多かったかもしれない。何をやってもうまくできないその子を，怒ってばかりだったかもしれない。だが，筆者からみると愛情を注いでいないようには思えず，そんなに自分を責めなくてもよいのではと感じたことをよく覚えている。その母親が子どもを叱責する場面に遭遇したこともあるが，筆者にも，子どもが可愛くないから苛立つのではないことはわかった。思うように育ってくれないことへの苛立ちや，他の子どもとは違うことへの不安や焦り，自分を責める気持ちに母親自身が追い込まれているようにみえた。余裕をなくしてしまったその母親は，自分の方を向いて欲しいとメッセージを送る子どもの思いに応えられなくなっていた。それでも子どもは母親を求め，母親は子どもの姿をみることがつらくて遠ざけてしまう。互いに思いがあるのにすれ違ってしまっていた。

　そんな母子に出会ったことが，今の仕事につながっている。子どもに発達の問題があるからだろうか。発達の問題がなければ，この母親はここまで追い詰められなかったのか。もしかしたら，子育て中の母親は，誰もが不安と隣り合

わせなのかもしれない。子どもに発達の問題があればなお，母親の抱く責任感は，傍からは想像できないほど重いものとなるのかもしれない。そんなことを考えるようになり，支援を必要とする母子のために何かをしたいと思うようになった。この母親の言葉は，筆者の原点である。巡回カウンセリングでは，この原点がいつも思い起こされる。

2. 多面的に理解する

　保育の場は，子どもたちが見守られ安心できる環境のなかで生活をしている，保育者や友だちと関わり合っている，そんな「育ち」の場である。

　巡回カウンセリングでは，子どもたちの様子をまとめた資料が作成されているが，その資料をみるだけでも，保育者が子どもたちの姿を丁寧にみていることがよくわかる。食事の好みや身辺自立の状態，遊び方や入眠時の様子，友だちとのコミュニケーションのとり方など，子どもと一緒にそこに居て，生活を共にし，その子の育ちに直接関わっている人の視点がそこにある。子どもとのやりとりから感じること，子どもを介してみえる家庭の様子，保護者とのやりとりから感じること，子ども同士のやりとりからみえること…など，直接，かつ愛情をもって関わる人物でなければみえないものばかりである。

　筆者ら相談員は，短時間で子どもの様子を把握しなければならないため，保育者から与えられるこのような情報は，子どもを理解する時に非常に役立つものとなる。相談員が行う子どもの行動観察は，生活の一部を切り取ったものにすぎず，そこから子どものすべてが理解できるはずもないからである。かといって，行動観察なくしては，生きた子どもの姿がみえてこない。行動観察で得た子どもの印象と，保育者からの情報とが合わさってはじめて，生き生きとした子どもの姿がみえてくる。

　たとえば，子どもの行動観察場面において，集団活動に参加しない子どもの様子を目にしたとする。そこだけを切り取ると，「集団活動に参加できない」という現象しかみえてこない。保育者からの情報で，「集団活動の内容によっ

ては参加するものがある」「大勢が集まる場面では遠くに離れることが多い」などが知らされると，ひとつの可能性として，感覚過敏などの理由で，人がたくさん集まる場面が苦痛であるのかもしれないという理解が生まれる。その理解をもとに，「遠くからみるという参加の仕方もあるのではないか」といった，具体的な対応が考えられるようになる。

　他にも，子どもの行動を保育者がどうみて，どう読み取っているか，さらに，それに対して具体的にどう関わっているかということも，その子どもを理解する時には大切な要素である。

　その子どもにどんな発達の偏りがあるのか，どんな苦手を抱えているのか，今どんな支援を必要とするのかを，あらゆる情報を駆使して慎重に見立てなければならない。いつか大人の養護を離れて社会に巣立つ子どもにとって，発達の基盤をつくるこの時期は，特に一日一日が大切なものとなる。より適切な関わりが提供できるようにするためには，ただ発達障害の特性にあてはめてみるような理解の仕方ではなく，そこで育つ子どもの姿を多面的に理解することが重要となる。

3.「育ち」の見通しをもつ

　乳幼児期の子どもの成長は，短期間で関わりの手応えを感じられるものが多いが，なかには対人関係の持ち方など成長を感じられるまでに時間を要するものもある。すぐに結果のみえない対応は，時に保育者の熱意と意欲を奪うこともある。

　たとえば，勝ちにこだわり，負けるとパニックになるASDの子どもがいたとする。ASDのある子どもにとって，勝敗は評価としてわかりやすいため，また，「勝つ＝よいこと」というイメージをもちやすいためにこだわってしまう。その時，勝敗以外の評価（結果ではなく過程を認める，本人の過去と比較して成長を評価するなど）を新しい見通しとして提案するのが，その子どもの成長につながる関わりである。ところが，この成長までには長い時間を要する。勝ち負け

で心が乱れた時に，新しい見通しをもつことで混乱しなかった，混乱から脱出できたという「成功体験」がくり返し経験されなければならない。周囲の大人に手伝ってもらいながら，自分の力で気持ちを整理できたという体験をくり返して，やっと新しい見通しが獲得されていくのである。周囲は根気強く，勝ち以外の見通しがあることを提案し，支援していく他ない。その時には響いていないように感じられる支援も，子どもの心が成長して本質的な理解が伴うようになると，子どものなかに実感として根づくようになるからである。

　しかし，すぐに効果が実感できない関わりを続けることは，支援者にとって多大なエネルギーを必要とするものである。また，この関わりに果たして意味があるのか，という迷いも生じやすい。だからこそ，「育ち」の見通し（将来的にどのような成長につながるか）という視点が重要となる。子どもの10年後，15年後を見越して，今大切となる支援を考える視点である。保育者がこの長い成長の期間を目にすることは，できないかもしれない。だが，子どもの成長を願い，それを見守り支援する保育者であるからこそ，今の支援が子どもの成長につながることが確信できれば，やり甲斐を得ることができるのではないだろうか。その子どもが今，育ちの道筋のどこにいて，これからどのような道筋をたどっていくのか，見通しをもって今の支援を考えることが，本当の意味でその子どもに必要な支援である。今の支援は今で終わるものではなく，必ず子どもの先の成長につながるものでなければならない。

4. 安心できる人との関わり

　乳幼児期に，特定の大人との間に安定した愛着関係が築かれることは，その子どもの発達全般の支柱となる重要な事柄である。なぜなら，その安定した大人との関係を基盤に，社会で生活するためのあらゆる能力を身につけていくからである。よって，保育所という場所が子どもにとって安心できる場所であること，保育者との間に安定した愛着関係が築かれていることが，まずは大切である。

発達障害のある子どもは，苦手や生きづらさを抱えているため，周囲がそれに気づいて適切に関わることが求められる。適切な支援があることにより，誰もがもともともっている「育つ力」がよりよく発揮できるからである。それが発達の早い段階から始められる方がよいのは，改めて指摘するまでもない。だが，特性をとらえた適切な関わりの前に，この安心できる関係の構築が重要となる。

　あるASDの子どもの例である。その子どもにとって，保育所は慣れない異空間であり，恐怖すら感じるものであった。泣き続けるその子どもに，保育者は，子どもが安心できる存在であろうとし続けた。時間はかかったが，その保育者がいるだけで保育所が安心できる場所となり，さらに，その関係を基盤として，身辺自立を身につけることもできた。また，集団活動にも保育者と一緒に参加し，保育者を通して他児と関わる様子がみられるようになった。

　発達障害のある子どもの支援においても，まず，保育者との間で子どもが安心できる関係を築くことを考えなければならない。安心できる人と場所があることが，子どもの心身の安定に結びつく。そのためには，子どもがみているもの，感じていることに気づき，それを言葉にして伝えたり，共有したりすることである。子どもにとって，自分と情動を共にし，メッセージに気づいて応えてくれる存在は信頼できるものである。

　保育所を利用している子どもたちは，一日の多くの時間をそこで過ごしている。今日の一日が，その子どもの明日以降に影響するといってもよいほど，乳幼児期の子どもは目まぐるしく成長する。長い時間を過ごす保育の場だからこそ，そこに安定した大人との関係があれば，それを基盤に子どもは大きく成長する。そこから，人との関係を広げたり深めたりもできるようになるのである。

5. 親と共に

　子どもの育ちを支える主役はやはり親である。親が安定した気持ちで，適切なタイミングで子どもの求めに応じることは，子どもの育つ力を何よりも発揮

させる。

　子どもの順調な成長を願うのは，誰もがもつ親心である。我が子をよく理解し，その育ちを援助してくれる保育者の存在は，親にとっても心強いものだろう。子どもの「育ち」に不安を感じた時や，子どもへの関わりに迷いが生じた時に，一緒に考えてくれる存在があることは，親の心の安定につながる。

　子どもに発達障害があればなお，親子ともに強い支えが必要となる。親が不安や焦りをひとりで抱え込まないように，子どもを理解し，共に育てていく関係を保育者は親との間に築いていかなければならない。それもすべて，子どもの育ちを支えるためである。

　保育者が子どもへの関わりに確信と自信を得て，日々の保育にあたることができるようにする，その役割を巡回カウンセリングは担っていると考える。双方が協力し合って，子どもの育ちを支えていけるように，筆者もあの時の母親の言葉を思いながら，子どもの育ちを支える一員としての役割を果たしたいと考えている。

第10章
保育所における巡回カウンセリングの実際：
保育士へのコンサルテーション

大木祐治

⇒保育士へのコンサルテーションの実際を示してください。

　保育所における巡回カウンセリングは，他の幼稚園，小学校，中学校に先んじて1年早く始まっている。初年度は，本事業の推進委員会会長である会沢氏のみが，公立保育所のすべてを巡回している。この1年の先行経験があったためか，他の巡回員が加わった2年目の際には，新たな巡回員の多くが保育所における発達障害に対する意識の高さを感じていた。そういう意味で，コンサルテーションの質が高いものとなっている場合が多かったのではないかと思われる。

　保育所での巡回カウンセリングの場合，対象児の個人記録票が必ず子育て支援課を経由して巡回員に送られてくる。その記録票には，対象児がすでに医療機関などで診断をうけていた場合には，その診断名，投薬名，医療機関名や療育状況が記載されている。それに加えて，生育歴，保育歴，家庭環境などについてわかる範囲内での記載欄もある。これらは，不明な場合は記載されていないこともあるが，性格・行動の項目に関しては，巡回時直前で把握された内容が必ず事細かに記述されている。また，担当保育士からみて「気になるところ」や，「保護者の認識」についても記入されているので，この個人記録票に目を通しておけば，対象児のあり方に関しての大まかなイメージが描けるようになるのに加え，巡回時にどういった点に留意して対象児を観察していけばよいのかという姿勢が準備できるのである。それ故，これは有用な資料であり，コンサルテーション時にも欠かせないものとなっているのである。この資料が，コ

ンサルテーションの質を高めるひとつの要因にもなっていると思われる。

　保育所での巡回カウンセリングの全体的な流れは，以下の通りである。まずは，巡回員が事前に送られてきた個人記録票に前もって目を通す事から始まる。巡回当日，保育所に到着してからは，先に所長もしくは副所長から対象児に関しての特徴や最近の様子について簡単に説明をうける。続いて保育室に向かい，対象児の行動観察を行い，順次対象児のいるクラスを巡回する。それが終了すると，職員室に戻り，所長も同席のなかで順次担任とのコンサルテーションを行う。最後に，全体の総括も含めて，所長へのコンサルテーションを行う事で業務が終了する。

　この保育所での巡回カウンセリングには，いくつかの特徴が認められる。そのひとつは，対象となる子どもの数が多い事である。1回2時間の予定のなかで，10人以上の子どもをみなければならない事が度々あった。短い時間のなかでそれをこなすには，時間の無駄を省く必要性がある。そこで，対象となっている子どもを素早く見出すために，子どもの背中に服の上から名前が書いてあるガムテープを貼りつけるという工夫をしている所がほとんどである。観察する側の者からすると，これは実によきアイデアであり，動きまわっている場合にでもすぐさまみつけられるのである。特に，子どもの数が多いクラスでの観察の際に，大いに効果を発揮するのである。貼られた側の子どもたちは，多少背中が気になるようではあるが，ほとんどがガムテープの存在を意識することなく，普段通りに活動しているのである。

　2つめの特徴は，この事業の事務局となっている子育て支援課のスタッフである保健師が，ほとんどの巡回時に同行するという事である。この意味合いは非常に大きく，コンサルテーションの時にその効力が発揮されるのである。というのも，保健師たちは，1歳半や3歳時の健診を担当しており，巡回カウンセリングでの対象児たちのその際の結果情報を知ることができ，巡回員に教える事ができるのである。時には，その対象児を実際に健診したという場合もあり，すぐさまその時のコンサルテーション時に，それらの情報が生かされると

いう状況に成り得るのである。このように，正確で客観的な情報が多くある事は，自ずとコンサルテーションの質を高めるという事につながるのである。

しかしながら，上記2つの特徴は，どうしてもコンサルテーションに要する時間が長くなるという結果をもたらすのである。対象児に関する情報が豊富にあるうえに，人数が多いので当然の結果ともいえるであろう。さらに，保育所のカウンセリングでは，担任保育士のみならず加配の保育士も同席する場合がほとんどである。両者のクラス内でのそれぞれの役回りが異なることから，対象児への対応のあり方でそれぞれに異なる悩みを有している場合があるので，個別にコンサルテーションが必要になる事も多いのである。このような状況のために，巡回カウンセリング全体に要する時間が，予定より1時間以上も超過してしまう事が多々ある。いや，むしろそれが常態化しているといった方が実態をよくあらわしているであろう。しかし，この時間超過が巡回員にとって苦痛や負担になっているかというと，実はそうではないのである。保育士の真摯な姿勢で数多く発せられる質問に対して答えているうちに，いつの間にか時間が経っているという感じなのである。しかも，その受け答えが巡回員にとって楽しいというか心地よいものにすら感じるのである。それは，充実感に等しい。

巡回員は，対象児の行動観察を保育室で行う際に，同時に担任保育士並びに加配保育士の保育ぶりや，対象児への関わり方をも観察している。その関わり方に問題性があると思われる場合には，コンサルテーション時にその点を指摘し，よりよい対応の仕方を教示しなければならないからである。当然，そうした状況になる事は少なからずある。しかしながら，全体的かつ相対的にみると，保育士たちはそれぞれの個性を生かしながら，保育のみならず対象児に対する対応の仕方においても大いに創意工夫をしている印象が強いのである。そのひとつの例を紹介してみよう。それは今年度の巡回カウンセリングで，ある保育所の2歳児クラスでみかけた光景である。保育士たちが，保育室の床に座り，わらべ歌を歌い出すのである。すると，子どもたちが保育士の伸ばした脚の上に乗りだすのである。保育士たちは，わらべ歌のリズムに合わせながら，脚や

上半身を動かしながら子どもたちの体を揺らすのである。子どもたちは嬉しそうなにこやかな表情を浮かべながら，保育士の動きに身を任せているのである。おそらく体の揺れが心地よいのであろうと思われるのである。驚いたのは，その後の事である。そのわらべ歌が始まる以前は，保育とは無関係に保育室を縦横無尽に走り回っていたAD/HD傾向のある男の子が，担任保育士の横にやって来て，自分の順番が来るのを待つのである。そして，自分の番になって保育士の脚の上にのると，他の子どもたちと同じように保育士の動きに身を任せて，にこやかな表情を浮かべてその揺れを楽しんでいるのである。その間，動き回るわけでもなく，ごそごそするわけでもなく，非常に落ち着いているように見受けられるのである。このわらべ歌によるお遊びは，明らかにその男の子の普段の行動傾向とは異なる状態を見事に引き出しているのである。後で所長に聞くと，最近，保育所全体でその取り組みをやっているとの事であったが，経験則のなかから効果あるものを引き出す力をもっている事に驚嘆させられた次第である。

　保育所での巡回カウンセリングにおいて，実感することがもう1点ある。それは，保護者特に母親との個別相談につながる事例が多いという事である。保育所は，受け入れている子どもの年齢が相対的に低い事や保護者との接触の機会が多いという事などが影響しているのかもしれない。発達障害児への対応は，やはり発達段階のできるだけ早期に始めるのが，その成果が大きい事がわかっている。そういう意味では，この事実は望ましい傾向であるといえる。発達障害児への支援を行っていくためには，その入口にその親の認識のあり方の問題がある。この問題を解きほぐしていくきっかけとして，親との個別相談があるのである。その個別相談に多くつながっているというのは，われわれ巡回員のコンサルテーションが成果をあげているともいえるかもしれない。ただ，その背景に保育士の方々の真摯な姿勢があるといことも忘れてはならないと感じている。

　保育士の仕事は，かなり負担感が強いものである事がいわれている。そうし

た状況にありながら，巡回先の保育士たちは子どものためにという思いで日々努力している。毎日の保育のみならず，発達障害児への対応にも，工夫を重ねながらよきものを模索されている様子がみられる。したがって，われわれ巡回員はコンサルテーションをする時には，できるだけそうした模索を評価し，さらなる負担感を与えないように努めている。必ず，褒めてあげられる点を見つけ出し，それを伝えたうえで激励するように心がけている。巡回員は原則，継続して同じ保育所を担当しているので，最近では保育士とも馴染みになっている場合も多い。そのため，保育士の個性がわかる状況にもなってきているので，その個性に合わせたコンサルテーションをするようにも心がけている。

第11章 幼稚園教諭へのコンサルテーションの実際

大木祐治

⇒幼稚園教諭へのコンサルテーションの実際について経緯も含めて記してください。

　この事業において，幼稚園の巡回カウンセリングが始まったのは2010（平成22）年度からであった。当初の幼稚園での巡回カウンセリングの全体的な印象は，発達障害や特別支援教育についての認識が，保育所や小中学校に比べてやや低いように感じられた。平成19年4月から，「特別支援教育」が学校教育法に位置づけられた結果，小中学校では特別支援教育コーディネーターを中心として特別支援教育を推進していくことになったが，幼稚園での取り組みは十分ではなかったように思われる。一方，保育所に関しては，この事業での巡回カウンセリングが幼稚園や小中学校より1年先んじて始められたという経緯がある。こうした状況が，先に述べた印象をもたらしたのではないかと推察される。

　県の巡回相談の制度はすでに本事業が始まる以前から存在していたが，この制度では申し込みをしなければ相談員が来ることはない。したがって，すべての園が利用しているわけではないし，利用したとしてもその回数は予算上，非常に少ない数に制限されていた。こうした状況のなかで，すべての園に年に複数回も巡回カウンセラーが訪れるというこの事業による変化は，新たな緊張感をもたらしたかもしれない。事実，巡回した際に，その日の指導案を渡される園があり，保育を視察されるという意識があったのではないかと思われるのである。

　こうした背景があるなか，1年目の巡回カウンセリングではコンサルテーションの際に，「発達障害」の症状や行動傾向についての説明をする時間を多く

必要とした。したがって、啓蒙的あるいは指示的なコンサルテーションになっていたという印象がある。先生方からも、「このような対応をしているのですが、それでよいでしょうか？」というような質問よりも、「このような子どもに対しては、どのような対応をしたらよいでしょうか？」といった内容の質問の方が多かった。このような状況もあってか、巡回先の園長から、市内の公立幼稚園の教職員研修会で「発達障害」について話をして欲しいという依頼があり、夏休みに講演をしたという経緯もあった。

　ここで、この事業開始間もない頃の幼稚園でのコンサルテーションで、象徴的な事例をひとつ紹介しよう。

　巡回カウンセリングでの対象児は、5歳児クラスの女児であった。すでに、医療機関において広汎性発達障害とAD/HDの診断をうけていた。そのうえで、コンサータ®錠の服用も始めていた。巡回時の行動観察では、目立って多動という訳ではないが、保育中はお絵かきをするか絵本を読むという行動を部屋の隅でずっと続けているという状態であった。時に、ふらっと保育室を出ていき、職員室に行ってソファで絵本を読むという行動も示したりしていた。また時には、気に入った事であれば保育のなかに加わる事もあったが、あまり長続きする傾向ではなかった。一方で、字を読んだり書いたりと、知的にはむしろやや高いという側面が認められた。さらに、こだわりが非常に強い事が、お絵かきの内容がいつも大好きなキャラクターばかりを描いている様子などからうかがえた。

　この園での2回目の巡回カウンセリングをして間もなく、上記の園児の母親との個別相談に応じる機会をえた。母親の主訴は、次の通りであった。まずは、母親自身にAD/HDの衝動性の自覚があり、それ故に子どもを叱る事が多くなりがちになり、子どもの自尊感情を下げてしまっていると感じているという事であった。父親（ご主人）は、育児にあまり協力的でないために、つい幼稚園に期待してしまう状態になった。その結果、先生方に「もっとうまく子どもに接してもらえないのかしら？」とか、「加配の先生がうまく機能していないの

ではないか」などと思うようになってしまったというような内容であった。

　その頃，園では卒園式の準備に取り掛かり始めた時期であった。園は，当初その園児をクラスの所定の位置（前列の中央）で最後まで座らせる事を目指そうとしていた。母親は，娘が長時間じっと席を立たずに座っている事は不可能であると思われるので，別の対応を望んでいた。そこで，個別相談終了後に，園と母親と相談員（筆者）とで協議をし，その園児が座る位置を後方の端に移し，必要があれば席をはずす事を容認するような対応を取ってもらうように園に提案した。しかし，その時点では「保護者がみているので，ひとりだけ特別扱いはできない」という理由で，園側はよい反応を示さなかった。その反応の背景には，その母親が園の先生への信頼感が抱けていなかった事が原因しているようにも見受けられた。

　一方で，先ほどの個別相談の最後に，母親が「3歳児健診担当の先生にも相談をしてみたのだが，その際に担任の先生とのコミュニケーションをもっと取るようにとすすめられた」という内容の話をした。まさにその通りなので，そこで筆者は連絡帳のような保育ノートをつくり，担任に一日の保育の様子を簡潔に記してもらい，それに対して母親も短いコメントを書くようにしてはという提案をした。後で，担任にはその趣旨をよく説明したうえで，園でその園児が少しでもうまくできていた事を記してあげるように配慮してもらうようにお願いした。

　この保育ノートをしばらく続けられた後に，再度その母親と面談する機会をえた。互いに顔を合わせた瞬間に，前回とはまったく異なるにこやかでかつ嬉しそうな表情で語りかけてこられたのに，大いに驚かされた。彼女が語ってくれたのは，次のような内容であった。毎日，娘が園でどんな様子で生活していたのかイメージできるようになり，しかも園で上手にできた事が書いてあるので，嬉しくなりその事を家で話題にし，娘を褒めてあげられるようになったというのである。そうすると，子どものストレスが低くなったのか，落ち着きが出てきたと感じるようになったそうだ。その結果，子どもとの関係性のみなら

ず，担任の先生との関係性もよくなったと実感したとの事であった。さらに，自分の姿が子どもに映し出されているのだと気づいたとも語っていた。

　担任の先生との関係あるいは園との関係は，このノートが続けられた1カ月程の間に，急速に変化していった。担任の先生にも確認したのだが，以前の緊張感がうそのように感じられるくらいに和んだ感じで話し合えるようになり，笑い合いながら話ができるまでに変わったとの事であった。こうした経緯があってか，卒園式での対応に関して，園の方から母親の希望を受け入れるという申し入れがあった。それのみならず，園児の位置を最後尾の端にした上に，その近くの袖に教員を配置するとまでの提案がなされた。園児が我慢しきれなくなった時に，いつでも対応できるようにという配慮であった。ただ，卒園式当日は，園児はリタイアすることなく最後まで式に参加するという快挙をやってのけたのであった。母親も感激し，式終了後に担任の先生と抱き合って喜んだとの事であった。

　これほどまでにコンサルテーションが明確に効果をあげる事例は，そう多くあるものではない。しかし，コンサルテーションはこの事業の核をなす部分であり，われわれ相談員は少しでもその質を高め，成果をもたらすように努めていかなければならないと考えている。そのポイントは，いかにコンサルテーションの対象者の不安やストレスを和らげ，少しでも自信めいたものをもってもらうかである。常にこの事を意識しながら模索を続けているところである。

　この事業が始まって，今年で5年目になっている。開始当時に比べると，現在では幼稚園の現場でも，発達障害についての認識や理解も高まり，先生方の対応の仕方も質が高まってきている。最近は，巡回カウンセリングでの対象児の「個人記録」に加えて「指導していただきたい内容・観点」をも事前に送ってもらっている。そこには，普段の保育での指導ぶりとその結果が記されているため，担任とのコンサルテーションではそれを基にして話ができるので，時間をあまり長く費やさずに済むようになってきている。最近は，若い先生が増えてきているが，その指導のあり方のなかで，よく工夫されていたり，よく努

力されている個所をできるだけみつけるようにして，その部分を肯定的に評価するようにし，決してダメ出し的なものにならないように心がけている。

　5年間も続けていると，園長先生のみならず他の教職員とも顔なじみになり，互いの信頼感もかなり増してきたように感じられる。その信頼感を，今後さらに高めていき，そこに保護者も絡んでいけるようにしていかなければならないと考える。ただ，幼稚園では，保育所や小学校に比べると，保護者との個別相談につながっていくケースがまだすこし少ないように感じられる。この点が，幼稚園での巡回カウンセリングの今後の課題点であると思われる。

第12章
幼稚園・小中学校を巡回する意義と課題

あいざわいさお

⇒巡回カウンセリングはそもそもなぜ必要なのかも含め，本事業における位置づけを整理しておきたい。

　本事業(巡回カウンセリング)の始まる数年前から小中学校では，「巡回相談」を開始した。巡回相談は，各都道府県教育委員会(義務教育課)が発達障害などの見立てと教職員へのコンサルテーションが可能な，精神科医や大学教員などの専門家に依頼して，要請のある学校について1校当たり年に数回(3回が主)実施していた。これは2007年度に始まる「特別支援教育」を睨んでのことである。内容は，対象となる児童生徒の行動観察と，教員や養護教諭などによる情報提供に基づく当該の子どもについての見立て，学校における対応，受診の必要性についての助言，等々である。これは，文部科学省(以下：文科省)のやがて極端に減少することになる予算を前提としたものでもあり，現場の教職員が自分たちの力で対応可能となり，専門家が不要とはいわないが，巡回相談の回数が1回になることも含め，それだけの力量を教職員がつけねばならないという，私からみると気の毒な号令でもあった。

　教員などはこうした号令に忠実でそれなりの力を身につけてきたし，その当時調査官であった柘植雅義氏が全国を説明して回った，その時点に比べて格段の進歩であるといえる。ただし，当然のことであるが，県教委主催の研修などのみで教員たちのこれだけのスキルアップを担保できるはずはなく，多くは教員個々の「自己」研鑽によるものだと確信する。号令一下全体が右を向くという単純な内容とは訳が違うということは，この業界にいる者であればわかることだ。

しかし，教員が心理学の専門家である例は稀であるし，医師免許を有する教員はほとんどいないだろう。つまり，発達障害などについては，今のところ，専門家との連携が必須だという事実に真摯に向き合う必要があるということだ。教員養成などに革命的な変更が加えられ，学部の4年間で特別支援教育の即戦力までそのスキルが引き上げられるのなら，何年後かは別として，その未来に期待できる。また，大学教員の多くは，特別支援教育などで学生たちが困らないようにと講義にひと工夫，ふた工夫をしているところであるし，つぶさにみたわけではないが，「特別支援教育」や「発達障害」という用語の入った講義名称を新たに設置して，学ばせている例は少なくない。

それでも，専門家たちの見立ては必要である。SCがその役を担うことも十分ありうると思うが，SCが常駐しないという点や，もとより小学校には手厚いとは言い難いSC制度であるから，従来の業務（面接など）に加えて，発達障害などの見立てとコンサルテーションまでは手が回らないというリアリティは十分に検討し，手当てをする必要がやはりある。現実感の問題である。

1. 丸亀市発達障害児支援協働事業における「巡回カウンセリング」

本事業では，当初から文科省主導の巡回相談のような仕組みを導入した。上述の通り，専門家の見立てが必要だとの理由からである。教職員にはその本道で力を発揮していただく。やがて，見立てもできるようになるまでの間，専門家不要論は高い棚にあげておくようにした。

巡回相談という用語と重複しないようにという意図もあるが，実際「相談」という用語の不明確さを解消すべく，専門家が出向き（巡回し），その場で子どもと教職員の行動観察を行い，教職員へのコンサルテーションを実施する。必要と判断すれば，保護者などとの面接を提案する。さらに必要なら，当事者である子どもも含めて面接する。場合によっては，医療との接点や児童相談所との距離を縮める役を果たす。動きはSSW（スクールソーシャルワーカー）的で

あるが，もともとカウンセラーの守備範囲を「相談室」内だとする理屈の方が現場には合わない。以上の意味で巡回「カウンセリング」とした。

ありがたいことに，学校はすでに巡回相談で心理学や医学といった領域が入り込むことへの抵抗が少なくなり，特別支援教育コーディネーターや勉強家の養護教諭などとのコミュニケーションはよい方向を向いている。制度的な導入を，正直にいうと，個人的には躊躇する部分もあったが，すべての学校に当初は年3回の巡回カウンセリングという原則で走り始めた。やがて，それが，小中学校では年に5回に増加することとなった事実は，私の個人的な躊躇を超えて学校現場が相談員の仕事を必要としてくれているという証である。

巡回カウンセリングの需要（ニード）は思いのほか高いと知った。現場は私たちの存在を疎んじることはなく，少しでも子どもたちのために約束の時間を超過してでも，私たちから必要なこと，教育のヒントになることを聞き出そうとする。相談員もその覚悟で行くことになるし，相談員たち一人ひとりも頻回な巡回によって，勘所も職人芸として身につけることになる。いよいよ専門性も高まる。相互作用的に高め合う「場」は魅力的である。

2. 小中学校における巡回カウセリングの実際：目に見えていない，扉の向こう側をみる

すべてがそうではないが，多くは事前に対象となる児童生徒について担任などからの情報が資料として相談員に寄せられる。当然氏名は伏されている。事前にその資料に目を通す。方式としては巡回相談とほぼ同じである。教員の多くは，すでに資料の書き方も心得ていて，発達障害だとすればそれは何か，という知見をもっているから，端的で読みやすい資料である。

当日の3時間の内容としては，最初に予定確認を行い，観察とコンサルテーションをどのように割り振るかを決定する。教室場面が多いので，授業中に子どもたちにとっては見知らぬ大人が入り込むことになるのでこちらは緊張するが，大方の子どもたちは，私たちの訪問には驚く素振りもみせない。そういう

ものだとすでに思っているのだろう。それで授業が妨害されたり，子どもたちに異様な興奮状態が発生したりということはまずない。

　対象となる子ども（たち）の観察には，それぞれの相談員の工夫もあるが，それは各位の原稿をお読みいただきたい。相談員のポイントは，多くの部分で共通する。対象の見立てについては当然であるが，今その子のいる「環境」の分析，つまり全体の把握を行うということはあまり知られていないことだろう。

　教室は子どもの環境についての大量の「情報」に溢れた空間である。子どもたちの相互交渉や担任などの言動や思想や思考形態も含めて，私たちはその場で把握しようとする。環境をきちんと見立てられないと，「はい，この子は不注意型ですね」というだけで，その先の肝心の部分がコンサルテーションの中身から抜け落ちるからである。現場も保護者も，そして，おそらく多くの当事者である子どもたちも，求めているのは，発達障害という表札ではない。今どうすればいいのか。将来どうなるのか。教室や教え方や支援や養育環境をどうすればいいのか。どんな医師がいて，この子は受診したらどうなるのか。扉の向こう側を一緒に見に行くことが求められている。

　薬物療法への問いもしばしばある。それはこの事業の仕事ではないため，薬物について私たちの勉強してきたことは話すけれど，これこれを飲むといいとか，今服用している薬についての話はしない。ただし，現場は敏感だ。薬を飲めばよくなるかもしれないという「未来」に期待する気持ちが強い。そういうとき，私たちは順序（「今何をすべきか」）と役割（「学校として何ができるか・できないか」）の話をする。

3. 不適切な養育による問題

　今では頻繁に用いられるようになった用語に「不適切な養育」というのがある。"mal-treatment"の日本語訳である。もともとは精神分析学の医師たちが用いたものだ。特に，解離という症状・概念を説明するのに用いられることが多い。多くの教科書はどうしても二番煎じが多く，こうした語の由来を無視す

第 12 章　幼稚園・小中学校を巡回する意義と課題　　99

るが，実に大切な概念でもある。虐待(abuse)を含む，「適切さが欠如」した養育とは何だろう。これが実際説明は難しい。どの子どもにも共通する不適切さという事象はあるが，その程度や質は子どもによって異なるからだ。"vulnerability" や "resilience" によって子どもに顕れる影響が異なるのだ。前者は通例「脆弱性」と訳される。後者はそのまま「レジリエンス」とカタカナが名になっているが，強さとは異なる。柔らかさとも異なる。知り合いの医師が「靭性」なる訳をつけているが，なるほど名訳だと思う。精神的な靭性をいっているが，あえて「精神」を付す必要はない。「靭」なる意味はある種奥ゆかしく，日本語の「意味論」的実在性を知る知性でなければ表現できない。

　杉山登志郎(2007)は，『子ども虐待という第四の発達障害』(学研のヒューマンケアブックス)のなかで，この不適切な養育によっておきる問題行動を「第4の」発達障害と説明するが，これまで，該当する症状なり現象は，愛着の問題や解離性のそれとして記述可能である。もちろん，可能という意味はそれ以外の概念導入を拒むという排他性をもつ。その子は，極めて「暴力的」であり，とりわけ集団場面での攻撃性は高く，なかなか平静の状態に戻れない。が，保育士などが一対一で対応すると「甘え」たように急に赤ちゃんのようになる。保育や時には小学校の現場でも，AD/HD の亜型と思しき行動類型に振り分けられてしまう。しかし，行動の由来が異なる。

　愛着の問題は多く養育に由来する。すなわち "dissociative" という意味での「解離」の問題である。発達的にという誤解があるのは，人生の最初期に虐待などの人的に生命の危機的状況を経験するとその後の成長に重大な悪影響を与えることとなるということから，「発達」の歪みにみえるだけだ。

　専門家でも見立てが難しい。事情を知らない医師を受診すると，わからない場合もある。甲斐甲斐しく受診に付き添う母がまさか原因とは考えないからでもあるし，保育所や学校などでの情報が届かないと，AD/HD に分類される可能性が高い。DSM-5 上は AD/HD は「神経発達」の問題に分類されるようになったから，予後をみればわかる。あるいは，薬物療法の不奏功が教えてくれ

る場合もあろう。

　学校という現場はひどく閉鎖的だ。だから，用語の使い方にも偏りがある。その前提で読んでいただきたいが，「困難事例」とよばれる，行動上の問題を呈する子どもたちがいる。簡単にいえば，教員などの大多数が対応に苦慮し続けるケースである。教員の力量が足りないということには起因しない。だから，保護者を呼び出して，現状を告げるが，うまくいかない。場合によっては，そこで保護者対学校の対立構造となる例も見受けられる。多くの場合保護者も学校もなんとかしたいという点では共有できるのにもったいないことである。

　困難事例の一部は，不適切な養育が部分的にあるいは全面的に影響している事例である。現在の養育親の不適切さばかりではない。離婚した夫（妻）である，父親（母親）からうけた，過去の虐待という事例もある。きょうだいによる虐待事例もある。保護者本人はそれが不適切だとわからずに続けているケースもある。また，問題行動には「集団内での攻撃性」と「1 対 1 での極端な親和性」という共通項はあるが，多く，それらは乱暴でどうしようもない子として，「情緒的に」映る。したがって，教員からもやがて仲間からも疎んじられることが多い。同じような問題傾向の子ども同士で「結託」して連んで，相乗作用もあり激しい対教員暴力に至ることも，多くはないが現実に発生している。

　このような「困難」な事例は果たして増加しているというのが実務上の実感ではある。小中学校だけでなく，保育所や幼稚園も同様だ。

　しかし就学前に手当てを始めると予後の良好さが期待できる。小中学校の時点になると，では，解決することが無理かというと，それは可能である。もちろん，重複して AD/HD などの場合も珍しくはないから，それなりに関係各所との連携は必要である。それでも，解決・改善は可能である。子どもたちの成長や変化を見ていると，子どもの「内なる力」は侮れないといつも思う。ただし，見立ての正確さと保護者などへのコンサルテーションの能力が問われる。不幸にして結局面接自体を拒絶されるようなこともあるが，多くは保護者も私たちとの面接に期待を掛けてくれる。自身のお子さんだから当然ではあるが，

ずっとなんとかできないかと悩んできたという保護者の方が圧倒的に多い。どうしても感情に任せて怒鳴ってしまう，叩いてしまう。そういう声を聴くとき，相談員は，緊張もするが，協力して問題を解決する方向を向けたことを率直に感謝する。そして，1日10回暴力を振るっていて，「先生，おれ，どうしてこうなっちゃうんかなー」と嘆く子は，比較的早期に10回が5回になり，減少していく。私はそれでいいと思う。

　暴力は社会のなかで否定されるべきである。命題は自明だ。しかし，発達の途中にある子どもたちのなかには，養育や気質などによって回り道をしながら，定型的な発達に追いつく力をみせる。平均・標準の発達は「多い」という点でわかりやすいだけだ。ゆっくり追いついたっていい（図12.1参照）。いつも，面接や講演で繰り返し話すことは，二十歳(はたち)になった時に追いついていればいいということだ。大人になって振り返ったとき，そんなひとはなんと多いことか。

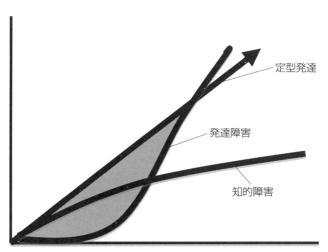

図12.1　発達障害の子どもが感じる「困難さ」(発達障害と定型発達の差)

4.「定型発達とのズレ」という意味での発達障害

　私がよく保護者との面接で示す簡略な図がある。精神発達は1歳まで，そして，3歳まで，と急激な成熟がみられるから，本来はそれをScammonの"growth curve"（スキャモンの発育曲線）のようにある程度正しくあらわす図がよいのかもしれないが，こちらの方が保護者にはわかりやすいようだ。図12.1は，直線が定型発達をあらわし，定型発達の直線を下回りつつ追いつく（追い越すという例もあるという意）曲線を発達障害の発達として，概念図的にみせている。さらに下の線は知的障害の発達のイメージ図である。当然であるが，知能指数をほぼ示すのであって，他の能力，特にスキル（技巧・技術）のそれは異なるだろう。また，適応性，特に，知的な低さによりわからないことを集団の成員に尋ねるというスキルや尋ねた時に相手とうまくやっていける力はこの曲線とは異なる。

　教員や保護者の誤解の多くは，「その時」の能力をみて，低い・高いと判断し，それが未来も変わらないと誤って解釈することに原因がある。発達障害の子どもたちの多くは，これらの「誤った予想」に，幸運にも反して成長する力を有している。このズレは，発達障害の，実は，別の面での理解の難しさにも直結している。むしろ，このズレこそが「発達障害」たる所以だとするのは言い過ぎだろうか。また，図12.1中での定型発達と発達障害とのズレのところを面積として捉えれば，それがその子の感じている「困難さ」だという説明は納得しやすいようである。適切な支援によって，この面積は小さくなる可能性がある，というのが，私たち支援を推進する者たちの考えの根底にある。

　いずれにせよ，その時の「力」を固定的に捉えると間違える。発達障害の子どもたちの成長は平均的でないという意味で「障害」（dis + order）であるのだ。そう考えると，「追いつく」イメージを抱いてもらうのがよいと考えている。私が10年以上みてきた事例のなかには，稀ではあるが，重度の「精神遅滞」との診断から始まって，どんどん知能指数があがり，中学生の頃にはWISC-IQが120超というケースがある。特異的ではあるが，この特異的な状態にこそ，

発達障害を支援する手がかりを与えてくれるヒントがある。当然だが，養育も教育も支援も「これ以上成長しない」という見地では成り立たないし，現実に圧倒的に多くの子どもたちが成長している。特に教員は，目の前にいる子どもを1年度という限定的な時間でみる。それは間違いともいえないが，今年度行った支援が数年後につながる事例の方が多いのだ。

　発達障害などを教員は「どこかが違う」と感じることが多いし，不注意型のように気づかれにくい場合でも，巡回カウンセリングは「発見」の場でもある。そして，できれば同一年度内での「目に見える」成長ぶりを，まず子ども本人に，そして，保護者と教員に味わってほしい。たとい，それが数年後ということでも，教員などの行う支援の質をさらに上げていくヒントを少しでも提供しなくてはならない。

第13章 スクールカウンセリングと巡回カウンセリング

入江 輝

⇒ SC としての活動と本事業の活動との比較をお願いします。特に，SC の回数の少なさが必然的に示している「支援」の限界について記してください。

心理臨床家として 10 年目を迎えるこの年に，丸亀方式の発達障害児支援事業に参加させていただくこととなった。私の経歴を簡単に紹介すると，児童養護施設の心理職員，スクールカウンセラー（以下 SC と記す），市の子育て支援事業における心理職員，医療系専門学校の講師・兼学生相談担当心理士など，さまざまな職場を転々としてきた。それらの職場で，心理士として，子どもや母親，父親，祖父母，学生，教員，保健師，看護師，医師，等々，さまざまな人に出会い，つながりを通して新たな仕事に出会い，巡り巡って丸亀の本事業に出会った感じである。心理臨床家として 10 年目ではあるが，この丸亀方式で活躍されている相談員の先生方は私よりもはるかに知識と経験が豊富な先生方で，正直，私が入っても役に立つのだろうかと心細くもあった。そんな，この事業においては新参者で，知識も経験も未熟な私からみた丸亀方式について，おこがましくも意見を述べさせていただきたいと思う。

1. 心理士の職場としての丸亀方式

私が経験した過去の職場において，さまざまな職種の方々と仕事をしてきたが，心理士はひとり，多くても 2 人程度であった。さらに，心理士がどんな仕事をしているのか，何の意味があるのかといった心理士に対する理解も乏しい場合が多く，心理士として機能するためには，心理士の役割や仕事内容を職場で理解してもらい，職場で機能するための人間関係を構築することが前提であ

った。そしていざ，心理士としての仕事をしていく際も，その職場で何をするのか，仕事内容を自分で選択し，上司の了解を経て，関係機関とも連携を取りつつ進めていくという状況であった。

(1) 心理士や心理士の仕事を理解してもらうこと

　たとえば，香川県におけるSCの場合，拠点校方式のため各中学校に1～2人のSC配置となる。SCの役割や仕事内容は，事前に教育委員会から各学校の担当者（多くは特別支援教育担当教員）に説明があるが，学校の教員すべてが理解しているわけではない。そのため，SCは派遣後に管理職や担当者にSCの役割や仕事内容を説明し，日々の活動を通して他の教員にも徐々に理解してもらい，人間関係を構築していく感じであった。SCの勤務時間は週1回4～8時間程度であり，理解を深め関係をつくっていくためにはあまりにも時間が少ない。新たな勤務校に配置されて，周囲の理解と関係作りを経て，SCとしての機能がうまく果たせるようになるまでに数年の時間がかかることもあった。

　また，管理職や教育相談担当教員が異動になると，学校における教育相談体制も変化することが多く，新年度，人員配置によって大きく変わった学校体制のなかではほぼゼロからのスタートを切らなければならないことも多々あった。SC自身も1年契約であるため，私的な理由や学校側の理由，地域の学校との兼ね合いによって勤務校を変更することもある。配置されていた人員が代わることで全体への影響が大きいということは，裏を返せば，その人のもつ力の大きさや，時間をかけて築き上げてきた人間関係があったからこそ教育相談体制が機能していたということかもしれない。これはつまり，時間をかけて関係を深め，安心できる居場所を築いたうえで機能していくという心理療法過程に重なる。安心していられる土台ができあがる頃に年度末を迎え，人事異動によって突然の別れが訪れる。そして，別れの痛みをケアする暇なく新年度が始まり新たな出会いがやってくるのである。SCを長年していると，別れの痛みには慣れてくるのだが，出会いにかけるエネルギーがなかなか湧いてこなくなる気

がする。

　丸亀方式の場合，私が入った時点で，すでに確固たる体制ができあがっていた。丸亀市の市職員，学校関係者，児童相談所職員，NPO，相談員，医師，錚々たるメンバーが揃っての会が，年に数回開かれる。会は形式的な会ではなく内実伴っており，さらにこの事業をよりよくしていこうという意思が強く感じられるものであった。この事業がどのような意義をもって，どのように進められるのか，時間・相談方法・当日の流れ・相談後のフォローにいたるまで具体的に決まっており，その内容について，関係各位が了解していた。枠組みがしっかりとしているため，人員の配置が代わっても体制が揺らぐことは少ない。実際，右も左もわからず入った私であったが，学校側が相談員の利用の仕方や相談日の流れを理解して，相談員が安心して相談に集中できる枠組みを設定してくれたおかげで，相談日当日はかなりスムーズに仕事に入ることができた。純粋に仕事を通して，担当教員と見立てや対応策を話し合うことで，その教員の仕事に対する熱意や葛藤に触れ，短い時間ではあったが関係も深まったように思う。心理臨床において，人との出会いは無駄なことは何もないと思っているが，相談目的が曖昧な場合は相手の想いを確認し，相談目標を決めるまでに時間がかかることが多い。その点，丸亀方式の巡回カウンセリングの場は，相談目的が明確で，短い時間のなかでも何かしらをえたいという参加する者の意識が高く，熱意に対し熱意をもって臨む関係が，お互いの信頼関係を深め，さらには支援にもよい影響を与えていくように感じた。

(2)　心理士ひとり態勢の難しさ

　丸亀方式の相談員は，大学教員，医師，元家裁調査官，高校教員，SCなどが務め，私を含め8名で構成されている。これも今までの職場ではなかったことである。これまで，多くの職場では心理士は1〜2名であり，職務上何か困ったことがおきても"ひとりで何とかするしかない"状況であった。他の職種の方に相談して協力してもらったり，同じ領域で働く心理士に相談したりする

こともあったが，最終的にはひとりで対応しなければならない。相談の構造やフォロー機関などについては周囲の協力を仰ぐこともできたが，自分の力量不足でケースの理解や対応が難しいと感じる場合はしばしば自己嫌悪に陥った。たとえば，市の発達相談に携わった初期の頃，発達についての一般的な知識しか知らず，個々の子どもを目の前にして，なかなかつながりがもてないことに戸惑った。重度の自閉症の子で，ことばは時々「キィー」と奇声を発するのみ。目線は宙を泳いでいて部屋をクルクルと回っている。子どもの目線になって同じような感覚を味わいたいと思っても，その子がみせる反応が嬉しいのか嫌がっているのかさえわからない。気持ちに寄り添いたいと思っても，その気持ちがわからないのである。それまで子どもの気持ちに寄り添い，その子とのやり取りを通して関わってきた私にとって，今までのやり方が通用しない無力感を感じた。そこからは本を読んだり研修に参加することで知識をえ，子どもたちと関わり続けることで彼・彼女なりの反応に気づき，つながれる瞬間を手さぐりで探していった。市の発達相談担当の心理士はひとりであったため，心理士によって的確な判断が行われ，その後の支援の方向性が決まるという責任と周囲の期待があり，なかなかスムーズによい支援につながらないという状況があると，無力感の連続で苦しい日々であった。そのときの苦労は今の自分の糧になっているし，決して無駄なことではないと感じているが，丸亀方式を知ったとき，あのときにも同じような体制があったらとも感じた。

　丸亀方式は相談員が複数おり，何でも話し合える雰囲気がある。実際，この体制に入って自分の立ち位置や見立てに戸惑いを感じた私は，相談員の先生方に相談し，親身になって話を聞いていただいた。そこで，的確なアドバイスをいただき，自分の見立てで大丈夫であると後押しもしていただいた。また，個々の学校にひとりの相談員が赴くことになるが，市の保健師が同行して情報を共有したり，個別相談の希望があれば"ま～る"という個別相談につなぐことができる。相談員ひとりですべてに対応するのではなく，相談員が個別相談や他の機関につないだりとバックアップ体制もしっかりしているのである。心理士

としてよりよい支援を行うために自分の居場所，土台がしっかりとしていることの重要性を強く感じた。

(3) 支援方法の選択

また，児童養護施設に勤務した際は，他の職員と同様に扱われ，子どもと食事をとり，学校に行く支度をし，送り出したら洗濯掃除をし，帰ってきたら宿題をみて遊び，風呂に入って寝かせる，といった子どもの生活を世話する役割を担っていた。施設の職員数が少なく止むを得ない状況であったため，心理士としての業務が難しい状態であった。そもそも施設における心理士としての業務は，全国各地の施設の心理士によって独自に行われており，これといって決まったものはなかった。本来，施設の心理士は被虐待児に対応するために配置されたこともあり，被虐待児への心理的支援が業務の目的ではあった。香川県では，毎年，心理的支援を行う対象児を被虐待児のなかから選択し，年間を通して支援を行い，年度末にその支援によってどのような改善がなされたのか報告書を提出していた。そこで，被虐待児のなかから心理的支援が必要な子どもを選び出し，その子とその子をとりまく状況に応じて心理的支援の方法を選択し，職員の許可をえて徐々に心理的支援を行っていった。そうして個別の心理療法を行う体制をつくり，ケース会やスーパービジョン(SV)も実施し，施設全体で心理的支援を行う体制をつくっていった。だが，施設内で子どもが不安定になり，施設全体にも影響が及び，セラピー中に他児が妨害にくるなどして個別の心理療法にも影響が出てきた際は，一時的に個別の心理療法を中断して生活場面での心理的支援に切り替えた。ここでも，体制をゼロからつくっていく大変さと，体制の基盤が揺らぐと支援が行えなくなる脆弱性を感じた。

他の例として，SCの場合，派遣校，勤務日数，勤務時間は決められているが，派遣先で何をするかは，SCと派遣校で決めていくことになる。たとえば，個別面接，集団面接，教員とのコンサルテーション，教員の研修，生徒への授業，保護者会での講話，親の会などさまざまな活動がある。SCのスキルと派遣校

のニーズをすり合わせながら，よりよい支援方法を構築していくことができる。

　丸亀方式の場合，体制がしっかりと決まっているため基盤が揺らぐことはない。すでに決まっている枠組みに入っての活動になるので自由度は狭まるが，枠の範囲内では自由に振る舞えるし，必要性を感じれば枠組みの変更を提案し協議することができる。

(4)　支援するケース内容の選択

　次に，対応するケースの内容だが，SCの場合，派遣校のニーズに合わせて選ばれる。内容は，不登校であったり，発達障害であったり，家庭の問題，虐待，精神障害，いじめ，非行など幅広い。大体は，そのときにもっとも対応に困るケースがあがってくるように思う。そのため，困ってはいるがまだ対応できそうなケース，あまり目立たないが実は困っている子のケースなどへの対応が遅れ，問題が深刻化してしまうこともある。さまざまなケースに対応していくには週1回4～8時間では時間が足りない。

　丸亀方式の場合，対象は発達障害児である。現在は目立っていなくても対象としてあがることで，その子に対して予防的に関わることができる。つまり，問題が深刻化する前に対応することができる。このように，学校で多くみられるケースを分類し，その分野の専門家でみていく対応をしているのである。こうした方法はアメリカの学校で行われており，学校に「スクール・ガイダンス・カウンセラー」「スクールサイコロジスト」「スクールソーシャルワーカー」の3人の専門家が入り，役割分担を明確にして支援を行っている。米国のスクールサイコロジストであるバーンズ(2013)は，日本のスクールカウンセラーは，部分的だとしてもアメリカの学校における3領域の職種をすべて担うように期待されているように見受けられる，と述べている。また，丸亀方式は，発達障害児を対象とはしているが，発達を支える家庭の脆弱性が見え隠れしていたり，友人関係の問題があったりと，他の問題も複雑に関与していることが多い。そして，クラス全体の様子や担任との関わりをみていくことで，クラス運営，ク

ラス内の人間関係の力動（ダイナミクス）など，個から全体への見立てをすることができる。対象児の支援を考えることが，対象児を取り巻くクラス全体への支援や家族への支援を考えていくことにつながっていく。

(5) 支援者を支援するということ

　心理士は支援を必要とする人のすべてをひとりで支えられるわけではない。むしろ，支援を必要とする人のほんの一部分をそっと支える程度のことしかできない。たとえば，施設では子どもと一緒に寝食を共にしている生活職員が子どもの親代わりで，子どもの授業参観に赴き，子どもと遊び，子どもの耳掃除をし，子どもが眠るまで添い寝をしている。心理職員は，週1回1時間程度の個別面接を通して子どもと関わるが，生活職員と比較すると子どもと関わる時間はあまりにも違う。また，SCとして児童と週1回1時間の個別面接をしていたとしても，担任や養護教諭，部活動顧問など，教員が児童と関わる時間と比較すると，その時間はやはり短い。そこで，心理士は短い時間しか関わらないのに何ができるのか，生活での関わりの方が大事ではないかという非難がよくおこる。生活における支援と心理的支援では支援の質と方法が異なるため，関わる時間の長さは問題ではない。問題なのは，子どもを支えていくためには，1週間1時間の面接をすればよいというわけではなく，1週間後の面接までのほとんどの時間を子どもと共にしている周囲を支えていくことが必要であり，子どもを支えるチームとして支援者同士が協働していけるか，ということである。

　施設では，心理場面における子どものアセスメントと，生活場面における子どもの状態を照らし合わせながら，支援目標を設定し，生活職員と心理職員が協働して支援を行っていくようにしていた。ただ，施設入所児には被虐待児が非常に多く，生活職員に対して子どもからの暴力や暴言も日常茶飯事で，生活職員が疲れ切ってしまうこともおこった。そのため，心理職員が生活職員のカウンセリングを実施したり，事例検討会や「被虐待児への対応」「愛着障害」

といったテーマで研修会を行ったりして，生活職員を支える役割も担うようにした。

巡回カウンセリングでは，対象児童への直接的な支援というよりは，対象児に関わっている教員への支援を行っている。相談員が児童の状態をアセスメントし，具体的な支援方法を提案していくのだが，相談員は，実際に関わっている教員の心に響き，これからも頑張っていこうという力が湧いてくることばを届けることが大切である。どんなに素晴らしい支援方法を提案したとしても，現場で関わっている教員がやる気を失ってしまうようなことばであっては意味がない。また，教員が現場での心理的な負担や不安を強く感じている場合は個別面接を実施し，事業の一環として現場の先生方向けの研修会も実施している。

2．支援の実際

ここで，私が実施した巡回カウンセリングと SC との比較をしてみることとする。

(1) 巡回カウンセリングについて
　・巡回カウンセリング対象校：丸亀市内 A 小学校
　・相談日：前期2回，後期3回，個別相談1回，計6回
　・相談日の実際：

相談日1日につき2～3クラスを参観して担任へのコンサルテーションを行う。最終相談日にはすべてのクラスを参観し，これまでの成果や改善点を話し合う。また，保護者から希望があれば個別相談も実施する。

第13章　スクールカウンセリングと巡回カウンセリング

① 流れ（細かい点で差はある）

事前資料を相談員に郵送	相談員は資料を基にある程度の見立てを行う。A小学校では，チェックシート（「特別支援のための実態把握チェックシート」香川県教育委員会）を用いて担任が該当児童のアセスメントをし，その結果を事前資料として送ってくれる。そのため，相談前に該当児童の見立てを行いやすい。
当日打ち合わせ	特別支援教育担当教員と相談員で，相談日当日の流れ，該当クラスの気になる児童の情報を共有する。
授業参観	特別支援教育担当教員と相談員で該当クラスを授業参観。アセスメントのポイントは， ・児童の授業態度（授業への積極性，教師との関係，友達との関係，授業内容の理解，授業への意欲，など） ・教師の指導方法（児童の発達特性を考慮した指導，児童との関わり，個と全体への対応，補助教員との連携，など） ・掲示物（書字の様子，描画の様子，文章内容・構成，など） ・机やロッカー（荷物の様子，整理整頓，など） ・教室（児童の発達特性を考慮した配置・掲示物，指導のしやすい座席，など） 事前に準備してもらった座席表を基に，該当児童を観察する。また，該当児童だけでなく他児も観察。クラス全体としての力動も観察する。
担任とのコンサルテーション	担任と相談員で，事前資料，授業観察を基に，気になる児童についてのコンサルテーションを行う。相談員は，担任の話を聞きながら，担任の想い，努力，苦労を労い，相談員の見立てを伝え，担任が実施可能な対応策などを考えていく。授業方法から，児童への関わり，クラス全体への関わり，保護者への対応など，具体的にすぐに実行できる方法を話し合う。場合によっては，医療機関や就学指導・保護者の個別相談を勧める場合もある。
個別相談	気になる児童の保護者に対して，担任や特別支援教育担当教員から巡回カウンセリングが行われることを伝えてもらい，希望者に個別相談を実施する。相談の目的によって相談体制を変えることができ，たとえば母親の心理的不安の軽減を目的とするならば，相談員と保護者だけで実施し，保護者がじっくりと相談員に不安を話せる場を提供する。また，保護者が具体的な支援方法を知ることを目的としているならば，特別支援教育担当教員も相談に同席して，学校と保護者がいかに共同していけるか，医療機関とどう連携していくかを話し合う。
事後打ち合わせ	特別支援教育担当教員と相談員で巡回カウンセリングの振り返りを行う。就学指導や医療機関につなぐ場合，特別支援教育担当教員に伝える。

② 利点

・相談の構造が固定。教員へのコンサルテーションがメインである。

・対象が"発達障害児"と明確である。

・相談の流れ・利用方法が具体的に決定されている。

・個別相談などの，巡回相談後のフォローアップ体制がある。
・制度としての形式が明示的で，導入がスムーズ。

(2) SCの場合
  ・対象校：拠点中学校校区の小学校
  ・相談日：拠点校との話し合いによって決定。月1回程度。時期や希望により変動。
  ・来校時の流れ：学校によって異なる。私が担当した学校の場合は以下の通り(1回4時間程度)。
      打ち合わせ(15分程度)⇒個別相談・授業参観・SCによる授業・保健室などで児童との関わり⇒関係教員とのコンサルテーション⇒報告
  ・SCの実際

〈授業参観〉
　教育相談担当教員より"気になる児童"の情報提供。その後，該当クラスの授業参観。掃除時間や休み時間，クラブ活動などで該当児童と関わることもある。その後，担任とのコンサルテーション。"気になる児童"としては，不登校傾向のある児童，学習面での遅れがみられる児童，対人関係でトラブルが絶えない児童，いじめの加害児童・被害児童，授業妨害を行う児童，家庭環境に問題を抱えている児童などさまざま。なかには発達障害が疑われるケースもあるが，原因は多種多様である。

〈個別面接〉
　教育相談担当教員より，個別面接児童・保護者の情報提供。子どもとの面接はあまりなく，保護者との個別面接が多い。保護者面接は，教育相談担当教員が全児童の保護者向けにSC来校を伝える"お便り"を配布しており，それをみて相談申込みがある。なかには，担任から悩んでいる保護者にSCを紹介して来談につながる場合もある。相談理由は，不登校(傾向)，対人面でのトラブル，

保護者関係，学校の教員との関係，家族関係など多種多様である。一度相談して，その後も継続面接になることもあれば，一度限りで終了となることもある。相談は1回45分であるため，来校日のすべての時間を面接に用いたとしても，最大4人までが限界である。保護者との個別面接後は，担任と該当児童とその保護者についてのコンサルテーションを行う。保護者面接時に，児童のために担任とどのように協力していきたいかを確認し，それを踏まえたコンサルテーションとなる。

個別面接は，保護者だけでなく，児童の面接をすることもある。言語による面接が難しい場合は，絵を描いたり折り紙を折ったりゲームをしたりと，児童と関わりやすい方法で行う。児童との面接は放課後に行うことが多く，時間を取ることが難しい。そのため，クラブ活動など児童と関わりやすい場に入って，関与しながらの観察を行うこともある。

また，個別面接は，教員の面接となることもある。児童や保護者，他の教員との関係において傷つきや難しさを抱えた教員も少なくない。SCとの面接理由は児童への対応方法であっても，実際に話を聞いていると教員自身の問題の相談であることも多い。

① **利点**
- 対象が児童，児童を含めた家族，教員，クラス，学校体制と幅広く，主訴も不登校，いじめ，家庭環境，対人関係，発達障害と幅広く対応できる。
- だいたい月1回の来校であるため，時系列でみていくことができる。
- SCの利用方法として，個別面接，授業参観，コンサルテーション，家庭訪問，校内委員会への参加・助言，児童向けの授業，保護者向けの講演会など，さまざまな方法がある。

② **欠点**
- 対象や主訴は幅広いが，時間数が限られているため，緊急度や重篤度によってSCが関わるケースが決まってくる。そのため，対応が後回しになるケースも生じてくる。

・さまざまな方法で SC を利用するには時間数が足りず，十分に活かせない場合もある。

(3) 巡回カウンセリングと SC の違い
① 構造の違い

　巡回カウンセリングは，その導入や実施方法などがある程度決まっており，学校への周知もなされている。そのため，学校側が巡回カウンセリングをどのように利用すればよいかわかりやすい。相談員も自分の役割や相談方法が明確にわかっているため，動きやすい。反面，方法が一定に決まっているため，自由には動きにくい。もう少し児童と関わりたいと思っても制約がある。

　SC の場合，SC が学校に合わせて自由に活動を組み立てることができる。授業参観をしたり，個別相談をしたり，養護教諭と一緒に授業をしたりと。だが，SC によってやり方が異なっており，学校側が求めることを SC ができないときもあり，SC がさまざまな手法をもっていたとしても，学校側がうまくそれらを使いこなせないこともある。

② 対象の明確化

　SC の場合，相談にあがってくるケースは多種多様である。不登校もあればいじめもあり，家庭問題，対人関係，発達障害と幅が広い。だが，時間内に相談できるケース数は限られているため，重篤なケースからの対応になり，相談から漏れるケースも出てくる。一方，巡回カウンセリングの場合は，気になる幼児・児童，発達障害が疑われる生徒，と対象が限定されており，ケースを絞り込むことができる。教員も相談員も対象児をイメージしやすく，方向性や対応方法も考えやすい。

③ 相談後のフォロー

　SC の場合，相談後のフォローは SC が継続して行うか，医療機関につなぐか，等々，SC によって方法が異なる。また，SC 自身がもつフォロー先との関係や情報に依拠されることになる。巡回カウンセリングの場合，相談員が個別面接

を担当することもあるが，相談体制のひとつとして，別途，個別相談もあり，医療機関へのつなぎもしやすい。

④ 時間の制約

　SCはうけるケースの幅が広く，さまざまなSC活用法が考えられるが，勤務時間数が少ないため関われるケースは限られ，SCとしての力も十分には発揮できないこともある。その点，巡回カウンセリングの場合は，引き受けるケースが"気になる児童・発達障害が疑われる児童"と限られており，方法も授業を参観して担任へのコンサルテーション，個別相談と決まっているため，少ない時間数でもみる視点を限定して効率よくアセスメント・助言をすることができる。

参考文献

バーンズ亀山静子（2013）「アメリカの学校の現状から」増田健太郎・石川悦子編『臨床心理学』第13巻第5号，金剛出版，pp.614-618.

第14章
医療との関連

松浦秀雄

⇒地域で開業する医師が本事業に参画する意義についてはぜひ執筆してください。それ以外は自由に表現してください。

　医療の役割は一般的には診断と治療である。発達障害においても同様と考えられるが，診断はICD（International Classification of Diseases 国際疾病分類，WHO）とかDSM（Diagnostic and Statistical Manual of Mental Disorders 精神疾患の診断・統計マニュアル，APA）の診断基準に子どもの行動が当てはまるかどうか，診断基準に当てはまる行動がいくつあるかで決まる。ただし子どもの知的発達とか他の精神障害が基礎にないかは考慮される。血液や尿を調べてとか，脳波や頭部の画像検査で診断がつくのではない。そして，その行動が診断基準に当てはまるかどうかは家族や教師，医師の主観が大きく影響する。実際に家族と教師とでは判断に大きな差が出ることがある。家族や教師の価値観や情緒の安定度によって評価が違ってくる。また学校という制約がある場と，ある程度自由さがある家庭では子どもの行動が違ってくるので，その場での評価も違ってくる。家庭では特別気になる行動はないが学校では問題ありと評価されて受診を勧められることがよくある。低年齢の子どもであると活発な子，やんちゃな子，ちょっとわがままな子と評価されて発達障害とは考えないことも多い。以下に注意欠如／多動性障害（AD/HD）の子どもや広汎性発達障害の子どもがどんな行動特徴を示すか記してみる。

　注意欠如／多動性障害の子どもは，細かく注意を払えないことが多く勉強やその他の活動でうっかりミスをする，課題や遊びの時間に注意集中を維持できない，自分にいわれたことを聞いていないようにみえる，指示されたことをや

りとげることができない，課題などをとりまとめて順序よく行うことが難しい，宿題などで集中力を必要とすることは避けたがるかいやいや行う，勉強や活動に必要なものを失くしやすい，周りからの刺激で容易に注意がそれてしまう，日常の活動で忘れっぽく約束をすぐ忘れてしまう，授業中に席を立ったり席を離れたりする，着席はできるが手足をもぞもぞさせたり身体をくねくねさせたりする，おとなしくしていないといけない状況でそわそわして落ち着かない，厳粛な場面などで要請されてもじっとしておれない，遊びなど楽しい場面で気分が高まり過ぎてうまく参加できない，質問が終わらないうちに答えてしまう，おしゃべりし過ぎる，順番を待つことが難しかったり我慢できなかったりする，他の人の会話やゲームなどに割り込む，興味や関心があるとすぐに行動するなどの特徴がみられる。

　広汎性発達障害の子どもは，他の人の気持ちやその場の状況を読み取るのが苦手である，視線・表情・身振りなどを他の人との交流にうまく使えない，興味や活動を互いに分かち合いながら友人関係を十分に発展させることが難しい，うれしかったことやよかったことを他の人と分かち合おうとすることがない，ごっこ遊びやまねっこをして遊ぶことが少ない，他の人とのコミュニケーションで相互に会話のやり取りをするのが難しく一方的な話しかけになる，特有な言い回しをすることがある，興味を示すものが限定されやすい，遊具の一部（車のタイヤなど）や感覚的な要素（匂い，感触，振動など）へのこだわりがある，手順や物の位置などいつもと同じに執着して崩れると混乱する，手をひらひらさせるとか身体を前後にゆするとかの動きを繰り返すなどの特徴がみられる。

　これらの行動特徴がすべて認められるわけではなく，いくつかの特徴が当てはまるということが多い。ただ当てはまる項目が決められた数だけ揃わないと確定的な診断には至らない。数が揃っていないと発達障害の傾向があるといわれることが多い。

　ところで診断とは誰のために，何のために行うのか。確かに医療の場では診断がつかないと適切な治療につなげていけない。しかし発達障害に対する医療

を考えていく場合，診断基準に当てはまらないから確定診断ができず治療につなげていくことができないというわけにはいかない。子どもたちは何らかの困り感があって医療の場にやってくる。困り感が改善されないと快適な生活を送ることができない。子どもが快適な生活を送ることができるように支援していくことが医療の大きな役割である。たとえ診断基準にきちんと当てはまらなくても子どもの困り感を考慮して，その子どもの特性から発達障害の診断を下し適切な治療や支援を行っていくべきである。最近，発達障害の過剰診断が問題になっている。発達障害と診断されることで教育現場において教師の教育努力が減り，薬物療法を勧めるなど医療にゆだねることが多くなっているといわれる。わが丸亀市ではそのようなことはないが，過剰診断となっても子どもの快適な，幸せな生活につなげていくことができれば悪いことではないと思われる。診断がつくことで教育と医療の連携につなげていくこともできる。

　医療のもうひとつの役割は治療である。発達障害に対する治療は大別すると心理社会的治療と薬物療法になる。心理社会的治療は子ども本人に行う治療と環境の調整がある。子ども本人に行う治療は支持的精神療法やソーシャルスキルトレーニングがある。支持的精神療法は本人が一生懸命やっていることをよしとして受け止めてやり，これでいいのだと現状を認めてやること，できていることをしっかりとプラス評価して認めていくようにすること，うまくできていないことはマイナス評価しないで根気よく取り組んでいくことなどを伝える。ソーシャルスキルトレーニングでは子ども本人が社会適応していくための技能を身につけることを目指す。日常生活でのさまざまな状況を設定して，どう捉え，どう考え，どう行動し，どう話すかを学んでいくことになる。目標を決めてできたかどうか評価して，できたことには○をつけてしっかりと称賛するようにする。できなかったことについては再度どうするとうまくいくかを考え根気よく取り組んでいく。できなかったことに×をつけることはしない。環境の調整でもっとも大切なことは親指導である。まずは子どもの行動特性を理解し受容することである。「なぜそんなことをするの？」「なぜ何度言ってもわから

ないの？」とつい拒否的な対応になっていたのを，「なるほど，そうなのか」と理解し，まずは子どもの行動を受け止めてやることである。そしてうまくできていないことを責めたり非難したりしないで，どうするといいか根気よく教えていく。必要な手助けをして「できた」という結果につなげる。できたこと，できていることをきちんと評価してやり褒める，○をつける。やってはいけないことについては確実にいけないことを伝え，どうするといいか指導する。思うようにならなくてかんしゃくをおこした時はゆったり構えて収まるのを待ってやる。収まったら自分でクールダウンできたことを褒めてやるなどである。教師，保育士にも同様の対応をお願いする。そして指導，伝達する時は長々と話すのはやめ，短くわかりやすく話す，話し言葉だけでは伝わりにくい時は，図，絵，写真など視覚的な情報を混じえて説明するなどの配慮をしてやる。活動空間の調整としては，できるだけ不要な刺激が入らないようにする，活動に直接関係のないものは周りに置かないようにする，教室では席を前のほうにする，必要であれば衝立などで空間を区切るなどである。また具体的に今から何をするか，どこまでしたら終わるかを伝え，予定が変わる時は事前に知らせておくようにする。親指導を系統立てて計画的に行っていくのがペアレント・トレーニングである。

　これらの心理社会的治療あるいは対応で効果が十分でない時に，もうひとつの治療の柱である薬物療法が検討される。心理社会的な取り組みは，必ずしも医療の場でということではないが，薬物療法は医療の場でしか実施できない方略である。薬物療法は，発達障害の特性を改善する薬と，発達障害から二次的におこってくる問題行動や精神症状あるいは併存障害を改善する薬に大別される。発達障害の特性を改善する薬としては，まず一番にAD/HD治療薬と称される注意欠如／多動性障害に対する薬があげられる。わが国で認可されているのは徐放性メチルフェニデートとアトモキセチンの2剤である。それぞれ剤型，効果発現や副作用の違いがあるが，いずれも脳の情報伝達に必要な物質であるドパミン，ノルアドレナリンを増やすことで注意や行動を調整する力を高

め，不注意，多動性，衝動性を改善する。1剤だけでは改善が難しい場合に2剤を併用することもある。また多動性，衝動性による興奮やかんしゃくなど衝動的な行動が改善されない場合はバルプロ酸，カルバマゼピンなどの感情調整薬，あるいはアリピプラゾール，リスペリドン，オランザピンなどの抗精神病薬が併用されることがある。そして服薬しなくても自分で注意や行動を適切に調整できるようになり，快適な生活が送れるようになれば終了する。広汎性発達障害の特性を改善する薬は現在のところ認可はされておらず今後の研究，開発が期待される。このため広汎性発達障害に対する薬物療法は，二次障害や併存障害を改善する薬が中心になる。前述の感情調整薬，抗精神病薬が使用されることが多いが，抑肝散や大柴胡湯などの漢方薬が使用されることもある。抑うつや強迫症状に対してSSRI，SNRIなどの抗うつ薬も使用される。広汎性発達障害の特性そのものを改善するのではないが，二次障害や併存障害で苦痛な生活を送っている子どもが，少しでも快適な生活が送れるように援助できると考えられる。

　これらの医療的な関わりは，病医院での診療で十分実施できることではあるが，丸亀市の発達障害児支援協働事業で巡回カウンセリングの相談員として保育所，幼稚園，学校を訪問することで子どもたちがそれぞれの場でどのように行動し，保育士や教師がどのように捉え，どのような困り感をもち，どのように支援してもらえているかを直接見聞できる。診療の場では得られない生の情報が入ってくる。訪問する保育所，幼稚園，学校の数は少ないが，直接得られる現場での情報は，発達障害の医療に携わる者にとってとても貴重であり有用である。現場で直接，保育士や教師あるいは管理者と話ができることで，疑問や迷い，困り感について相談でき，アドバイスできることは子どもが安心して快適に生活できる場をつくっていくのに大いに役立っていると自負している。その時にいつも話題に上るのが，子どもの状況を保護者の方にどう伝えて医療につなげていけばよいかということである。専門職である保育士や教師の目を通して子どもの行動を観察して，子どもの特性，苦手さのために生活上の不利

益，損失，困り感があることを伝え，できる限りの支援はしていくが，より快適な生活の獲得のため一度医療の目からも判断してもらってどのように支援していくのがいいか相談してみてくださいとアドバイスしている。丸亀市内で相談に乗ってくれるのは，もりもとこどもクリニック，麻田総合病院など，近隣では善通寺市の四国こどもとおとなの医療センター，観音寺市の三豊総合病院，坂出市の回生病院，坂出市立病院，宇多津町の松浦こどもメンタルクリニックなどである。それぞれの病医院の医師が世話人となり西讃小児発達障害研究会（代表世話人：松浦こどもメンタルクリニック　松浦秀雄）を立ち上げ研鑽に励むとともに連携を取って活動している。医療の場においてもまだまだ発達障害についての理解は不十分であり，教育や福祉，労働，行政の場でも同様である。セミナーの開催など可能な限り啓蒙の機会をつくり，発達障害という特性をもちながらも，子どもたちが快適な生活を送れるように支援していきたい。

第3部

実　　践

第15章
非行・問題行動

廣田邦義

⇒家裁調査官の視点からみた本事業における中学生(高校生や青年後期を含めて構いません)の支援の意味を，学校との相談において記していただきたい。発達障害ということに特化するというより，むしろ，非行や怠業や子どもたちの脆弱性の観点から。実践は，本事業と調査官及び退官後のご活動を含めて構いません。

　少年非行は共犯率が高い。一般刑法犯の共犯率は，近年30％前後で推移しており，成人のおよそ2.5倍である(『平成25年版犯罪白書』)。少年だから単独非行がむずかしいとの見方もある。しかし，実務感覚からは，家庭での孤独感や学校で疎外されている子が多いため，自分と共感できる仲間を求めて共犯事件に結び付きやすいと思われる。ここでは中学生の校内暴力，オートバイ盗の架空事例を紹介しながら非行・問題行動の特徴について考察する。同時に，発達障害との関係についてもふれるが，筆者が担当した発達障害と診断された中学生のケースが少ないため，事例の積み重ねが不十分であり，手探り状態であることを断っておきたい。

　次に近年実務家の間で問題視されている「ボーダーライン」を取り上げる。最後に非行動機，再非行と予後についても若干考察する。

1．校内暴力

① 事　例

　中2のA君は，夏休み以降，数名の仲間と一緒に授業を抜け出して，校内を徘徊するのが日課になっていた。この日も4名の仲間と体育館前で大声や奇

声を発しているところへ担任がやってきた。担任はＡ君の足元に落ちていた煙草の吸殻を指さして「煙草を吸っただろう」と迫ったが，Ａ君は「吸ってない」，「どこに証拠があるんな」と言い返した。担任は「吸っているのをみた」と言いながらその場を立ち去ろうとしたとき，Ａ君はいきなり担任の顔面を拳(こぶし)で３回殴打し，さらに，背中に数回足蹴りを加え，担任に対して全治５日間の打撲傷を与えた。

② 特　徴

　暴力に至る動機は理解困難である。第三者からみて，明らかに注意をうけた生徒側に非がある場合でも，注意をうける理由は問題とならず，注意をうけたこと自体にカッーとなり，衝動的に教師に暴力を振るうケースが多い。Ａ君は中１の夏頃から怠学，喫煙，夜遊びなどの問題行動が生じていた。この事例は単独非行のようにみえるが，他の４名も口々に教師への暴言を繰り返しており，共犯事件の様相を呈している。彼らは学習意欲に乏しく，学業不振，部活動不参加など，学校生活への目標を失っているところに共通点があり，いったん教師への反抗ということになると，たちまち集団化し，暴力行為に走りやすい。

③ 否　認

　一般的な非行の場合，喫煙を否認するのは，教師への反抗という形を取りながら仲間の前で恰好をつけようとするいわゆる「ツッパリ」である。暴力は，今まで抑えられてきた教師に対して，自分の力を誇示し，教師との力関係の逆転を狙ったもので，さしたる理由もなく何かムシャクシャするからと八つ当たり的に振るう例もみうけられる。

　一方，発達障害をもつ場合は，否認の意味が異なってくる。この事例では，足元に煙草の吸殻が落ちていたので「煙草を吸っただろう」といわれても仕方がない。しかし，とっさに「吸ってない」と否認。他者の立場に立って物事を考えることができにくいからである。内心まずいことになったと気づいても，自分のいったことを変更することができない。さらに「吸ったのをみた」と教

師から追い打ちをかけられてパニック状態に陥り，暴力に至ったとも考えられる。一般的な非行と異なり，教師との駆け引きなどはみられず，自分の非を認めない偏狭さは，批判の対象になりやすい。

2. オートバイ盗

① 事　例
　B君は電車通学をする中3男子。いつもの電車に乗り遅れた。20分後に出る次の電車まで駅周辺を歩いていると路上に鍵のついた原付バイクを発見した。これに乗れば遅刻せずに何とか間に合うと思って学校近くまで無免許で運転し，帰りも自宅まで乗って帰った。運転の面白さと便利さから翌日も同様に運転し，バイク通学が当たり前になっていた。その後も次々とバイクを盗み，警察官にみつかるまでの間，合計5台の原付バイクを窃取した。盗んだバイクはガソリンがなくなると元の場所近くに放置していた。

② 特　徴
　中学生になると，男子の多くはバイクや車に興味をもつようになる。書店でバイク雑誌を眺めたり，自宅のバイクを触ったりする。早く運転したいが，多くは我慢している。しかし，部活をやめたり，クラス内での友人作りに行き詰まると，仲間を求めてバイクの無免許など，強烈な刺激を媒介とする非行グループに接近し，無免許運転やオートバイ盗がおこりやすくなる。

③ 無断借用
　オートバイ盗の中学生は，「盗む気持ちはなかった」，「借りただけ」と主張する割合が高い。これを言い訳とみるか，本当にそのように思っているかの見極めが重要である。一般的な非行であれば，言い訳が多い。盗んだバイクは，自分ではあまり運転せずに，友人に貸したり，売ったりするケースが多く，非行仲間が存在する。さらに，証拠隠滅のために，海や池にバイクを投棄する。これらの手慣れたやり方はオートバイ盗を繰り返した結果，学んだことである。決して偶発的な非行ではなく，計画性が特徴である。一方，発達障害をもつ場

合のキーワードは「無断借用」である．この事例では，学校に遅刻しそうになり，困った挙句，「ちょっと借りるだけ」との思いから無断で持ち出し，そのまま使用していたものである．窃取したバイクを元の場所近くに放置していたことからも返却の気持ちがあったのかもしれない．盗む気持ちがまったくなかったかどうかはわからないが，本人の気持ちのなかでは借りただけとの意識が強いことを理解したい．再非行防止のためには，「借用行動のエラー」として人のものを借りるときの社会的なスキルを教えることが必要である．

3．ボーダーライン

　ボーダーラインとは，知能，身体障害，発達障害などが境界線上に位置していることを指す．たとえば，学校では知能指数が70未満になると特別支援学級の対象になる．しかし，70を少し超えるボーダー付近は普通学級に在籍していることが多い．その結果，授業内容が理解できず，基礎学力を身につけることは難しくなる．学習の極端な遅れは非行その他の問題行動につながりやすくなる．また，発達障害が疑われる子どものうち，どうしてもトラブルメーカーになりやすいタイプは，教員から再三注意をうけることになる．ボーダーは親子間でより深刻な事態を招く．親が子どもの課題や問題点を理解していない場合，子どもの不可思議な行動にイライラして暴力などの虐待が生じやすくなる．子育てをめぐり夫婦関係が悪化するなど，家庭崩壊へ向かうケースもみられる．近年，児童相談所や家庭裁判所の実務家からは，面接困難なケースが増加しているとの声が聞かれるが，その中身はボーダーの増加がかなりの部分を占めていると思われる．ボーダーは家族の経済的な問題や健康面などの多様な領域も含む．特に多くのボーダー要因を抱えるほど社会生活でトラブルをおこす危険性が高まる．

　今日の社会制度は各種障害の診断書や生活苦を示す客観的な資料を提出しないと行政機関からの支援はうけられない．ボーダーが支援から取り残されている原因である．ボーダーに対する即効性のある具体策は難しいが，各公的機関

はデスクワークと縦割り行政からの脱却を目指し、日常的にお互いが足を運び、顔を合わせて話すことが求められている。特にケース会は有効であり、学校を中心に各機関が集まって情報を共有するなかでケースに応じた具体的な支援策を定め、実行することができる。

4. 非行動機

　筆者は非行動機を直接的動機と間接的動機に分けて考えている。たとえば、「金がなかったので万引きをした」「車の免許をもっていないので無免許運転をした」などは直接的動機である。間接的動機は生育史を詳細に調査し、非行を生育史の延長線上に位置づけるのが基本的な考え方である。特に危機場面や強いストレスをうけて精神的に追い込まれた状況下での行動は、その人固有の行動パターンを知るうえで重要である。経験的に少年非行では、金銭管理と車の運転免許が直接的な動機になりやすい。仕事はするが、金銭管理ができずにいつも借金を背負い、金銭問題から生活が崩れて非行に至るケースは多い。また、車の免許は最初に出会う社会のルールであるが、知的ボーダーの子どもには免許取得が難しく、大変な関門になっている。免許を取得することは社会のルールを守る第一歩となり、その後の人生にプラスに作用することをこれまでの事例は教えてくれる。

　少年院は多方面の処遇に取り組んでいるが、院内は金銭とは無縁な生活であり、車の運転免許も取れない。このように、学校も含めて一番失敗する問題に対しての取り組みが不十分である。今後の課題としたい。

5. 再非行と予後

　高松家裁丸亀支部に一般非行（交通非行を除いた非行）で係属した中学生の20歳までの再非行率（交通非行を含む）は平均45％（1996年と2002年に各100名を調査）。この数字には、再非行をおこしても、捜査機関に発覚しなかったり、発覚しても立件できない「非行の暗数」、対人関係のトラブルや金銭問題などの問題行

動は含まれていない。この時期は非行・問題行動のピーク時といえる。実務感覚からは，再非行などもなく直線的に更生することは稀であり，さまざまな問題行動を繰り返しながら徐々に収束に向かっていくことを多くの元非行少年から学んだ。非行からの回復には5年，10年単位で見守る大人側の余裕が望まれる。

　非行の世界は実務経験を重ねるほどわからないことが増えて迷路に入り込む。特に発達障害と非行の関係は事例の蓄積が乏しい分野である。ただし，現時点でいえることは，周囲が発達障害に気づき，継続的な支援を実施すれば，非行防止に極めて有効と考えている。

参考文献
高松少年非行研究会編著（2005）『事例から学ぶ少年非行』現代人文社
岡田行雄・廣田邦義・安西敦（2011）『再非行少年を見捨てるな試験観察からの再生を目指して』現代人文社
浜井浩一・村井敏邦編著（2010）『発達障害と司法―非行少年の処遇を中心に』現代人文社

第16章
思春期を生きる子どもと保護者の課題

岡田倫代

⇒一般にいう2次障害がこの事業においてどう解決されるか。進路選択や保護者による子ども理解という観点からも接近してください。その他の2次障害的な状態についても言及してください。

思春期は，ただでさえ，心身ともに大きく揺れる時期である。疾風怒濤のなかをさまようともいわれている。思春期とひとくくりにはできない。"puberty"と"adolescence"と捉え方はさまざまであり，11歳と17歳とでは心理的には大きく異なっており，さらに個人差も大きいからである。さらに思春期の心の発達には，いくつかの段階があり，それに応じてストレスや発達上の課題も変わってくるといわれている。

大人がそのような思春期の子どもの心を理解し，その揺れにつき合うには忍耐が必要である。こちらの思いを優先させ，土足で足を踏み入れると，かなりの反発をくらうこともある。よかれと思って対応して，目の前でガラガラとシャッターを下ろされることもある。したがって大人ができることは，ただそっとその揺れに寄り添い，じっと待つことしかないのである。下手な介入は，子どもにとっては，形を変えてトラウマになってしまうからである。

ましてや理解や思考がバラエティーに富んでいる発達障害を有している子どもの場合，有していない子どもに比べて，ずっと傷つきやすい特徴がみられる。同時に，子どもたちの友人関係も進化していくので，思春期特有の複雑な対人関係にしばられることになる。そのなかで生き辛さを感じ悩んでしまう。いわゆる二次障害が生じてしまう。二次障害とは，一次的な障害とは別に，その困り感を理解してもらえず，周囲から叱責されたりいじめられたりして，心に問

題を抱え，本来の困り感とは違う別の問題を生じてしまうことである。なかには，不安症状が出現したり，抑うつ状態になったりして不登校に至ってしまうこともある。特に思春期には，対人関係でのトラブルが生じ，本人も混乱する。自分は周囲とは何かが違う，何かが変だというような，何となくの違和感をもちながら日々暮らしている。そしてコミュニケーションの苦手さから，相手との関係のなかで，そのモヤモヤ感を解決できず，ますます孤立感を深めてしまうという悪循環が生じやすくなる。また，自分の興味のないものには，まったく無関心になってしまう傾向にあると，せっかく自分に歩み寄ってくれた相手に冷たくしてしまうことも少なくない。

　したがって，それぞれの子どものバラバラで差の激しい発達段階を丁寧に分析しつつ，よりよい支援をしていくことが大切である。なぜなら思春期は，発達障害のある子どもにとっては，立ちはだかる障壁であるものの，その後の人生を支える基盤作りの時期でもあるからだ。筆者ら大人が，いかに丁寧に子どもの心を扱えるかが，思春期対応のカギとなる。ここでは，そのカギを3つ紹介したいと思う。

1. 1つめのカギ「洞察力」

　小さい時は，本人が自分の思いをなかなか言語化できないため，保護者が子どもの思いを捉えることは難しい。しかし，小さいと受容されやすいうえに，すぐに進歩がみられるので，保護者側つまり大人側に達成感がもてる。ところが思春期は，子どもは，保護者や大人をうっとうしく感じ，子どもの方から距離を置くようになる。また，イライラした気持ちやモヤモヤした感情を，子ども自身がどう表現していいのかわからなかったり，言葉に出さないので把握しがたい。そんな時にこそ，大人側の洞察力が問われる。前述したように，思春期になると，友達との付き合いが増え始め，保護者のいうことよりも友人のいうことが大切に思える時期になる。異性への関心も高まり，異性との友人関係に非常に敏感になる時期でもある。この時期の子どもたちは，「友人にどう思

第16章 思春期を生きる子どもと保護者の課題

われているか」ということに多くの注意を払いながら生活をする。それぞれの友人やグループに合わせて、実に明るく振る舞っているようにみえても、内面では、心身ともに疲労困憊するほど周りに気遣いをしていることもある。十分過ぎるほど疲れているのに「自分が疲れている」こと自体、自ら意識することができなくて、倒れてしまう子どももいる。

2. 2つめのカギ「客観的な見立て」

　大人側、特に保護者が、あまりにも子どもに近すぎると、子どもの状態が客観的に見えなくなる。大人は、子ども本人がどう困っているのかを客観的に見極めなければならない。子どもの状態を客観視できずに、モヤモヤして、思春期に受診した保護者の多くが、よく「様子をみましょう！」と言われている。保護者にとっては、「それは困る。どうしていいのかわからないから相談に来たのに」という思いの裏に「うちの子は大丈夫だ。私の思い過ごしである」といった、何となくホッとした気分を味わってしまう自分がいるという。しかし、ここに大きな落とし穴があることを忘れてはならない。なぜなら、医療機関を受診したという事実だけに安心してしまい、それだけ支援が遅れるからである。安心するのは保護者だけで、子どもはますます悩み続けなければならなくなるからである。したがって、保護者自身が客観的に子どもを見る方法を身につけていく必要がある。それには、まず発達障害への理解であり、次にその特徴を、いかに自分の子どものなかに、客観的に見出せるかである。また順調に医療機関を受診し投薬治療に入ったものの、そこにもさまざまな問題が出現する。

　ある中学生の男の子が、AD/HDと診断され、メチルフェニデートを処方された。多動も不注意も改善され、副作用の食欲不振もみられなかった。成績も順調に向上した。しかし、1ヵ月経った頃、突然、彼は、服薬拒否をした。理由は、「今の自分は本当の自分ではない。仲のいい友人が離れていってしまうから」だという。確かに人懐っこく、お調子者だった彼の周りには大勢の友人がいた。授業中も教室の後ろで、教師の目を盗んでよからぬことを企んだり、

ふざけたりしていた。しかし，最近は，その光景がみられなくなり，傍目からは，好転したかに思えたが，彼は友人のひとりから「オマエ，全然面白くなくなった！　つまらないやつ！」といわれていたことが発覚した。幼い時にメチルフェニデートの服用を始めたのとは違い，長い間つき合い慣れ親しんできたAD/HDの自分が，服薬後の自分を上手に受け入れることができなくなったのである。そこには，自分の大切な友人が絡んでいる。これも思春期特有におこる現象である。服薬して多動や不注意が改善したことを確認し，日々の過ごしやすさを実感している自分と，対人関係でうまくいかずモヤモヤしてしまう自分の間で，上手にヘルプのサインを出す術を知らない自分にイライラしていたのである。このような場合，本人の心情を整理し，何に困っているのか，どうしたいのかを一緒に考える作業をする大人の存在が不可欠となる。

3. 3つめのカギ「適切で丁寧な関わり」

　思春期は，子どもをもつ保護者にとっても，心理的な子離れの時期ともいえる。発達障害のある子どもの場合，この母子の心理的分離に際して，特有の困難さがあらわれやすい。たとえば，幼少期の関係性が継続してしまい，そのまま思春期に入っても母子が密着した関係性を維持する場合がある。いわゆる過保護である。また，発達障害のある子の保護者は，子育てへの罪悪感が生じやすい。できるだけ子どもがつまずかないように，という思いが，結果的に母子関係を歪んだものにしてしまうことになる。子どもも，精神的に幼いと推測される。たとえば，中学生になった男の子が，幼い頃と同じように母親と一緒にお風呂に入ったり，スキンシップを求めて一緒に寝ているという場合がある。また，場の状況を考えず，性的なことを大きな声で恥ずかしがることもなく，母親に話す場合もある。このような場合，異性の親との過度なスキンシップを避けるよう促したり，性的な話題には父親が答えるなど，適切で丁寧な関わりが必要である。そうしないと，いつまでも幼児期からの母子関係を引きずり，子どもの心理的自立が遅れてしまうことになる。

また,発達障害がある子の場合,第二次性徴による身体的変化に強い嫌悪感を示し,女性らしく丸みを帯びた身体への変化を受け入れられない女の子もいる。そのため極端なダイエットに走ってしまったり,体毛に不潔感をもつのか身体中を剃毛したり抜毛したりすることもある。身体的には成熟しても,それが周囲からどのようにみられているかということに視点をもつことに欠けていると,何とも思わず露出度の高い無防備な服装で異性の前にあらわれ,性被害の危険にさらされることもある。男の子の場合,自分の性器に違和感を覚え,それが気になって仕方がなくなり,人前で自分の性器に触れ,変質者扱いをされたり,純粋に好意をもった女の子に近づき,ストーカーとして通報されてしまう場合もある。したがって,いかに大人が,適切で丁寧な関わりができるかが,それらを防止するカギになる。

たとえば,対人関係でつまずいた子どもたちへの支援として,大人がそのつまずきを一緒に振り返り,子どもがそのときの自分の感情を整理し,次に適切な行動と言動ができるようになる方法「自分自身の振り返りシート」を紹介する(図16.1,16.2及び16.3)。

1. まず,困ったことがおきた日付を書く。これは,もしまた同じような困ったことが,おきた場合,自分の言動とその時の感情を振り返り,どのような適切な行動を考えたかを振り返ることができるからである。
2. 困った言動を書く(真ん中の困った行動欄)。
3. そのときとった自分の言動を具体的に書き,その時の感情をその下に書く。気持ちが当てはまる顔マークに○をつけてもよい(左上の自分の行動欄)。
4. そのときとられた相手や周りの言動を具体的に書き,予測されるその時の相手や周りの感情を下に書く。相手や周りの気持ちが当てはまる顔マークに○をつけてもよい(左下の周りの行動欄)。
5. 困ったことがおきないようにできる自分の望ましい言動を具体的に書く(右上の望ましい行動欄)。
6. 困ったことがおきないようにとった自分の言動に対して,予測される相

> 自分自身の
> 振り返りシート
>
> ○このシートは，自分の言動を分析し，振り返るシートです。
> ○自分のイライラな気持ちやモヤモヤする感情を整理するシートです。
> ○何か困ったことがおきたときに利用します。
> ○日付を書いておくと，同じような困ったことがおきたときにも参考になります。
> ＊一人でできないときは，信頼できる大人と一緒に取り組みましょう！
>
> 名前（　　　　　　　）
>
> Okada（2014）

図 16.1　自分自身の振り返りシート表紙

手や周りの言動を書く（右下の周りの予測される行動欄）。

この時期のもっとも重要な関わりは，発達障害をもつ子どもが，それなりに思春期を悩みながら乗り切り，自己理解を深められる環境を整えることにある。そして子ども自身に自信がもてるようなよい体験を積み重ねる機会を多く与えることである。そのためには，保護者などの大人は，具体的に自分が子どもに対して「できること」と「できないこと」を整理する必要がある。「この子のため」が実は「保護者など大人自身のため」になっていないかを客観的にみつめ，常に自問していなければならないと思う。

子どもたち一人ひとりが，大きな可能性をもっていることを信じ，子どもたちの真の価値を認める目をもち，その価値を子どもたち本人に，具体的に伝えていくことが大切であると考える。

第16章　思春期を生きる子どもと保護者の課題

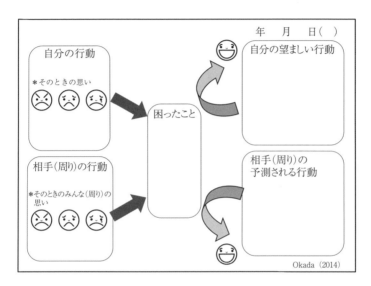

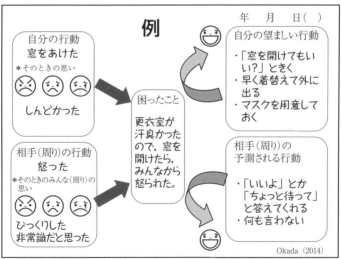

図 16.2　自分自身の振り返りシート・行動の振り返りとその例

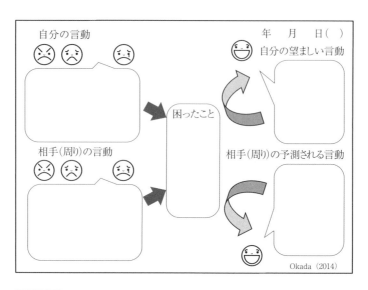
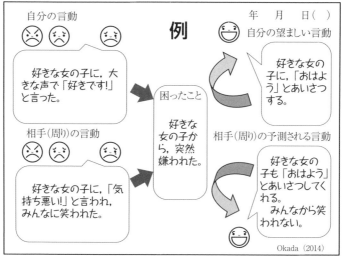

図 16.3　自分自身の振り返りシート・言動の振り返りとその例

第17章
児童と巡回カウンセリング

熊谷由紀

⇒小学校における本事業の実践。発達障害3種（文科省）の見立てから問題行動の内容までを，幾つかの事例を取り上げながら，特に教員へのコンサルテーションの実際を書いてください。

1. 小学校で問題となる子どもの行動とその対応

　小学校入学という節目は，子どもの生活に大きな変化をもたらす。ひとつは，保育所・幼稚園時代に比較し，ぐっと制約が増えることである。学校の一日は時間割で決められており，子どもたちはそれに従って活動する。学校集団の一員としての行動が求められるようになる。また，学習や運動を通して競争を経験することである。それにより，自分の能力を知るに至り，劣等感を抱いたり，集団における自分の位置づけを自覚したりするようになる。さらに，行動範囲の広がりに伴い，交友関係も広くなり，強い結びつきによる特定の友人ができる。そのなかで，対人関係上のトラブルも増えるのだが，大人を介さず解決することも求められるようになる。このような大きな変化のなかで，集団に適応できていないような行動を示す子どもたちがいる。そのなかには，発達障害を抱える子どもたちもいる。巡回カウンセリングで相談にあがる問題行動の一部を紹介しながら，その背景と対応を考えてみたい。

(1) 授業中の立ち歩きや無用な発言

　ふと立ち上がり鉛筆を削りに行く，授業の流れに関係なく思いついたことを口にする。集団に合わせて行動することが求められるなかで，このような離席

や私語の問題は，学級全体の雰囲気に関わることになる。

　これらの行動の背景には，AD/HD（注意欠陥／多動性障害）の特性といわれる多動性や衝動性があると推察される。自分をコントロールする力の弱さが，問題となる行動を引き起こしている可能性である。自分をコントロールする力は，脳の司令塔である前頭葉のはたらきによるものといわれている。関わる大人が考えなければならないのは，「自分の行動をコントロールする力」を身につけるための援助である。この場合，その場に適切な行動を指示したうえで，できたところをほめるという関わりが有効と考えられる。強い叱責や恐怖は，その場の行動を正すことができ，一見，効果的に感じられる。しかし，子どものその先の成長を思うと，何ら「力」をつけていないことになる。服薬により改善する行動もあるが，服薬は，あくまでも行動修正を助けるものであり，それですべてが解決するものではない。やはり，周囲の関わりがポイントになる。

　指示をしても，その行動をとれないという話をよく耳にする。確かに，"指示した行動を長く続ける"ことを評価の対象とすると，持続することが困難なため「できていない」ようにみえる。しかし，指示をした次の瞬間，あるいは少し時間がたって行動を修正することができる場合もあり，ここが評価のしどころである。たとえ短時間であっても，行動修正できたところをとりあげて認める。正しい行動に対して，その場で認めて返すことが，子どもにとってごほうびとなり，正しい行動が学習されるからである。

　このような子どもたちに関わる時，つい「どうして立つのか」「今は何をする時か」といった言葉をかけたくなる。何度も同じことを言っているのだからわかるはず，自分で気づいて直して欲しい，本人の自立心を促したい。そんな思いが背景にある。しかし，「自己コントロール力」という視点でいえば，これらの問いかけはあまり有効とはいえない。まず「なぜだろう」と考え，「今は授業中だから座らねば」と気づき，そのうえで行動を正しく修正するという複数の段階を経なければ，求められる行動に到達することができないからである。「座りましょう」「口を閉じましょう」など，その時に求められている行動

を指示した方がわかりやすい。

　そして，少しでも指示した行動がみられた時には，すかさずほめるのである。この際，ただ機械的にほめるのではなく，子どもとの間で感情の交流がなされることが重要である。自分のがんばりをみていてくれた，一緒に喜んでくれたと子どもが実感し，達成感を分かち合える人の存在である。信頼できる大人に認めてもらえる経験の積み重ねが，自己コントロール力を育むのである。

　「ちゃんとしなければいけないのはわかっているのにできない」「がんばろうと思うのに，気づいたら騒いでしまっている」「最後までやろうと思うのに，気づいたら時間が経ってしまっている」――これらは，AD/HDと診断された子どもたちの実際の言葉である。彼らにとって，自分をコントロールすることが，どれほど困難なことであるかが想像できる。始めからやる気がないわけではない。毎日，「今日はがんばろう」と思っている。だが，それが思うようにできない。授業中に友だちと騒いでいる姿は，傍からみると楽しそうにみえるかもしれないが，いつもそこに不全感を感じているのである。

　このような子どもたちは，がんばろうとしても結果に結びつかない，評価されづらいということにより，達成感が得られず，自己評価を下げてしまう。「どうせ自分はがんばっても無駄だ」「どうせがんばっても認めてもらえない」という気持ちが，意欲を低くしていく。さらに，理解されないことによる不信感が増大すると，教師に反発したり挑発するような行動が出現するようになる。そうなると，教師と子どもの関係性は悪化し，たとえ支援を施しても子ども側が受け入れられなくなる。それがさらなる悪循環をもたらすことは，容易に想像できる。

　変わらない行動に苛立ちを覚えるのは，関わる大人の感情として当然かもしれない。しかし，彼ら自身も自分に苛立ち，大きな不全感を抱えていることに，思いを巡らせたい。このような子どもたちには，その不全感を理解し，がんばろうという気持ちを認めてくれる存在が必要なのである。

(2) 学習の問題

　ちょうど6歳ごろから，学ぶことや知識を得ることを楽しいと感じ，その意欲が高まるといわれている。どんな子どもも，学ぶことを楽しみに小学校に入学してくる。しかし，学習は楽しいばかりではなく，さまざまなつまずきを生じることもある。なかには，LD（学習障害）を抱える子どもたちもいる。

　巡回カウンセリングでも，文字の形が整わない，乱れた文字を書く，漢字が覚えられない，計算に時間がかかる，読解力が弱い，学習に対する意欲が低いなど，学習に関するさまざまな問題が相談にあげられる。しかし，こういった問題は学級活動の妨げになることが少ないため，支援の必要性に気づかれにくく，支援が後回しになりやすい。

　ある小学校高学年の男児は，大人しく目立たない子どもである。しかし，漢字がなかなか覚えられず，本人の努力不足だとくり返し叱責されてきた。宿題に時間がかかるため，毎日，夜遅くまで机に向かっているが，それでも「努力が足りない」と言われる。漢字のくり返し練習では，途中から間違った漢字を書いてしまったり，一画一画確かめながら書いても，どの部分を写しているかわからなくなったりする。自分なりの覚え方を工夫しても，新しい漢字が次々に出てくるため，とても追いつかない。時間と労力だけが，どんどん大きくなる。周囲の評価も得られず，がんばっても結果につながらないことで意欲をなくし，自分を責めるようになってしまった。

　このような学習のつまずきについての支援は，本人の苦痛を減らすことと，少しでも意欲につなげることがポイントとなる。ほめることは意欲を高めるのに効果的だが，もっとも重要な要素は「わかった」「できた」という"達成感"を，本人が感じられるということである。だが，集団のなかにおいて，一人ひとりの進度に合わせた教材を用意するのは容易ではない。また，人と違うものを使うのを嫌がる子どももいる。そういった場合，たとえば集団に取り入れられるクイズ形式やゲーム形式の教材を工夫してみる。すべての学習が補えるものではないが，それでも，わかったりできるものがあることは，このような子

どもたちにとって喜びとなる。さらに，学習の問題は他者との比較が容易なため，「自分はダメな人間だ」と自己評価の低下につながりやすい。この場合，必要となるのは，本人にも周囲の子どもたちにも他のよいところに注目させ，「苦手な分野があってもダメな人間ではない」という認識を広めていくことである。自己肯定感が保たれるよう援助することも，大切な関わりである。

(3) 友だちとのトラブルが多い（間違いを認められない，場の空気を読まない言動）

友人関係の広がりと深まりによるトラブルの増加は，先にも述べたが，トラブル自体は悪いことばかりではなく，子どもの心の成長には不可欠なものである。子どもは，友だちとのいざこざを通して，相手を思いやったり，自分の気持ちを伝えたり，ルールを守ったりといった人間関係を良好に結ぶために必要な技術を身につけていくからである。

友だちとトラブルになった時に，自分の言い分ばかりを主張し，教師や友だちの話を聞き入れない，という子どもの姿がある。その背景として，ASD（自閉症スペクトラム）の特性といわれる，状況や相手の気持ちを読み取ったり，話の真意を理解することの苦手さが関係している場合がある。人との良好な関係を結ぶためには，相手の表情や声色，会話の前後関係や現状，相手とのこれまでの関係性など，同時に多数の情報を処理し，それに合わせて臨機応変に対応しなければならない。トラブルの場合も同様に，自分のとった言動を客観的に評価し，原因と結果を結びつける，相手の気持ちを考えるなど，同時に処理しなければならない事柄がたくさんある。これは，ASDの子どもたちにとってはやっかいなことである。自分からは見えない自分の言動を客観視すること，目に見えない相手の気持ちを読み取ることは難しく，そこに読み違えや見落としが出てきてしまう。さらに，自分の視点から見える情報を頼りに物事を判断するため，周囲には「自分の主張ばかりをする」と映ることもある。

これは，ASDのA子（小学高学年）と母親の話し合いの過程である（図17.1）。

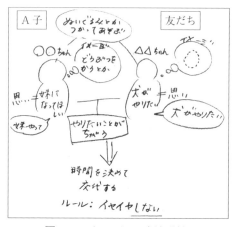

図 17.1　トラブルの振り返り

A子と母親は，トラブルがあった時には時間を置かずに，絵や文字を使って出来事を振り返る作業をしている。言葉の説明だけでは，かえって混乱するため，用いるようになった方法である。

この時のA子は，友だちと遊びの内容で意見が合わず，攻撃的になってしまった。自分のイメージが先行したため，友だちの「犬がやりたい」という言葉が受け入れられなかった。友だちに対して「なんで妹やってくれないの！」と怒り，なぜ自分の言い分を受け入れてくれないのかと責め立てた。

母親は，「ぬいぐるみをつかって遊ぶ」というテーマは一致していたが，展開のイメージが違っていたこと，友だちにも「思い」があること，それが自分の思いと違っていたことを図示して説明した。さらに，思いが違っている時に，どうすればケンカにならないか（お互いが嫌な気持ちにならないか）を一緒に考え，A子も意見を出して「時間を決めて（役割を）交代する」という結論に至った。加えて，やりたくないのに相手に無理やり合わせることは，やはり互いが嫌な気持ちになるのではないかと母親が助言し，「イヤイヤしない（応じない）」というルールを付け加えた。次の遊びの機会に，これを友だちに提案してみるという話で終えたそうだ。一度に複数の話をすると混乱するため，友だちに提案した後のこと（たとえば，提案を断られたらどうするか）については，またそれが起こった時に考えさせるとのことであった。

先にも述べた通り，実体のない相手の思いや，そこで起こっていることの意味を瞬時に理解することは，ASDにとって難しいことである。目に見えない

ことが理解しづらさと関係しているので，そこで起こっている事柄やトラブルの経緯といったものが図示されると，理解しやすくなる。この時，出来事の全体が見渡せるように図示することがポイントである。言葉で理解できないのではないが，言葉だけでは，それを聞きながらイメージを形成しなければならず，結局は，一度に複数の事柄を処理することになるため混乱しやすい。こちらが伝えたい事柄を読み違える可能性もある。見た目にわかりやすく整理される（出来事の経緯や結論に至った過程が見える）ことにより，落ち着いて話し合いができるようになる。この図のように，その場でさっと書けるような簡易的なものでかまわない。

　場の状況や空気といったものは目に見えず，「Aの場合はB」のように公式化されたものでもない。常識から臨機応変に判断しなければならない。定型的な子どもは，一つひとつ教えられなくても，大人の対応をみることや少しの経験から応用的に理解する。ASDにとっては，この応用的に理解することが難しい。周囲からは「常識だからわかって当然」と誤解され，「（常識なのに）なぜわからないのか」と叱責されることもある。命題的には言えても，本質的には理解できていないこともあるため，思いがけないところでつまずいている。いたって本気で，真っ正直に生きているだけなのに，その行動から誤解をうけることも多い。状況や空気を読み違えると，奇異な行動になったり，面白い反応になったりして，それをからかわれたり，笑われて傷ついたりすることがある。平気な表情をみせて，実は深く傷ついていることもある。関わる大人は，奇妙にみえたり，理解できないと思えるような行動の背景に，こういったつまずきがある可能性を頭に入れておかなければならない。

2.「認められる」ことの大切さ

　児童期の先には，思春期へと成長し，自立に向けて心が大きく揺さぶられる日々が待っている。思春期を乗り越え，その先へと成長するためには多大なエネルギーが必要である。その時になってエネルギーが枯渇しないように，児童

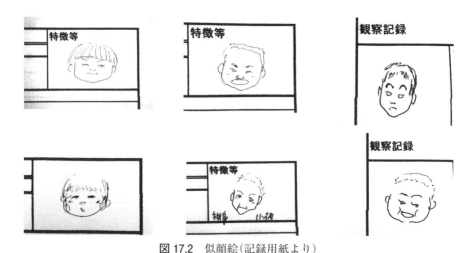

図 17.2　似顔絵（記録用紙より）

期の子どもたちには，心にしっかりと栄養を蓄積しておいて欲しい。それには，何よりも「認められる」という経験である。

　発達障害があると，その特性に注目が集まりやすい。だが，どんな子どもも，一人ひとりが人格をもった存在である。筆者は，子どもの行動観察をする際に，記録用紙に簡単な似顔絵を描くようにしている（図 17.2 参照）。

　これは，後でその子どものイメージを思い起こしやすいようにという意味もあるが，何よりも特性だけをみて，子ども個人をみないという事態を避けるためである。発達障害の特性の有無を見立てることは重要だが，ひとりの人間としての子どもの姿をとらえることも，子ども理解の大切な要素である。発達障害があったとしても，その子どもにとってはそれがすべてではない。それぞれが唯一無二の存在であり，当然，さまざまな感情を抱きながら生きている。その感情を置き去りに，ただ一般化された特性のイメージに合わせるだけでは，子どもの心に栄養を与えるような温かみのある支援には成り得ない。

　発達障害のある子どもたちは，さまざまな生きづらさを抱えている。うまくいかないことのくり返しで，自己評価を下げてしまいやすい。心のエネルギー

が枯れてしまいやすいのである。そんな子どもたちとって，自分の生きづらさを理解しようとし，がんばりを認めてくれる人の存在は支えとなる。それが，日中のほとんどの時間を共に過ごす教師であれば，これほど心強いことはない。

　学校生活において，子どもたちに直接関わり，その姿をよくみているのは教師である。だが，教師と子どもの二者関係には，時に，その近さゆえにみえなくなるものがある。巡回カウンセリングが，子どもの隠れた思いに目を向けたり，自身と子どもとの関係性のなかでできる支援を考えるための助けになればと思う。子どもたちのよりよい育ちを願うのは教師も同じである。子どもたちのよさを認め，心に寄り添う支援を続けられるよう，その力になればとの思いで，巡回カウンセリングに臨んでいる。

参考文献
上長然編著（2013）『発達心理学』近畿大学豊岡短期大学通信教育部

第18章
児童期の発達障害と感情・社会性の発達

樽本美穂

⇒児童(小学生)の社会性獲得の手掛かりと集団適応について。不適切な養育の結果としての問題(発達障害といえるか否かの議論も必要に応じてしてください)とその見立て、さらに解決の方法。精神分析的な方法、つまり感情の社会化を中心に考えても構いません。

　子どもは、主な養育者と離れ同年齢集団と生活をし始めると、自らの力で他者とやりとりをし、関係性をもたなくてはいけない。発達障害児にとって、他者とやりとりをすることは、大変難しいことであり、表情や行動、会話の文脈から、他者の情動をよみとることに困難性を感じることが多い。

　幼児期後半5歳児くらいになると心のなかで考える力が芽生えてくる。社会性の障害を抱える発達障害児のなかに集団のなかで静かに話を聞けず、思うがまま衝動的に発言してしまう子どもがいる。これは、感じたことを瞬間的に行動で表現せずにはいられないのであり、ゆっくりと自分の感じたことを心のなかで考える〈間〉をもてていない子どもである。集団で気になる行動は、怒りや嫌悪感の感情によって引き起こされることが多い。幼児期であれば、たたいたり、噛みついたり、泣き叫んだりして、思いを表現している。その際大人が介入して制止し、その時の感情を代弁することが求められる。

　児童期は怒りや嫌悪感という自分の感情に気づき、感情コントロールできるようになる。発達障害児が集団のなかで適応しづらい要因のひとつに、感情コントロールの困難性がある。それに加えて、他者の気持ちを察することが難しく感じ方に特異性があるため、状況にあった臨機応変な言動を求めることは、発達障害児の困難性を高める。場に応じた言葉が思い浮かばず、不安感や恐怖

心を覚え，対人関係がうまくいかなくなり，その積み重ねによって自尊感情の低下から他者と交わる気力を失うことさえある。

　自尊感情の低下を防ぐためには，自分自身のことを肯定的に感じることができ，「これでよい」と自分自身の行動を振り返ることが必要である。この振り返りのできる時間や場を提供することが支援のひとつであり，話を聴き取りながら，「○○をしたんだね。よくやってるよ」と肯定的な言葉かけをすることで「これでよかったんだ」という安心感をもたらす。

1. 感情コントロールの力を育む

　集団生活における他者とのトラブルは，大人の目が届いていない状況でおこることがほとんどであり，まず，年齢を問わず子どもに状況や感情を聴き取ることから始める。しかし，言葉の発達に遅れがあり，状況が記憶しづらいなど短期記憶の弱さを抱える発達障害児は，うまく言語化することは難しい。また，叱責されることへの恐れや緊張感などさまざまな思いが錯綜して，言葉にならず黙り込んだり，泣いたりすることがある。

　「ぼくはしていない。Aさんが○○をした」と自分の被害感情ばかり訴える場合もある。他者への責任転嫁のように聞こえるが，聴覚や痛覚に感覚過敏をもつ子どもの場合は，ぜひ本人の訴えを真摯にうけとめてあげてほしい。自己中心的な物事の見方や捉え方であると支援者が感じた際には，叱責ではなく，「あなたは，そう感じたんだよね。私はこんなふうに感じたよ」とIメッセージ（とりたてて「私は」と自分の感情や意思を伝える）を伝え肯定的態度を示す方がよい。そうすると，ゆっくりではあるが，〈許せない〉気持ちが〈少しは許せる〉と怒りのレベルが低下し，物事の捉え方が柔軟になり，こだわりが和らいでくることもある。

　このように，他者と関わりながら，体験を通して他者の感じ方や思いを知る機会をつくるのは，支援する大人の役割である。自分の思うようにならない対人関係上のトラブルを，否定されず，ゆっくりと話を聞いてもらうことは，揺

れ動いた感情を落ち着かせることだろう。幼児期からこの体験を積み重ねることは，児童期における友だちとのコミュニケーション力を高めることにもつながる。話を聞いてもらう心地よさを味わった子どもは，話すことへの抵抗感が少なくなり，思いを伝えることに自信をもつ。このような個別の丁寧な関わりが，コミュニケーションを苦手とする発達障害児には特に必要である。

話すという作業は，自分の思いを語りながら，自分が発する言葉を同時に聴いている。その〈間〉が自分の感情の振り返りを同時進行で行わせているように思うのである。そのようなくり返しが，自己像や自己概念を形成していく基礎になるように感じている。

2. 感情の言語化に重点をおいた取り組み

小学4年Aさんは，言葉の遅れがあったことから，就学前まで療育機関に通った。就学前に高機能自閉症と診断をうけ，小学校では特別支援学級に在籍していた。丁寧な言葉遣いで先生のいうことには「はい。」と素直に応じる。友だちとのトラブルはないが，交流学級でうける授業中，先生がクラス全員に向けて注意をした事柄で泣き出すことが多くあった。Aさんに該当することでなくても，先生に叱られていると感じていたのだった。聴覚過敏のAさんは，大きな声の叱責を恐怖に感じるようになった。そのストレスフルな毎日は，腹痛や頭痛の症状をAさんにもたらした。母親には，その症状を訴えることができたが，学校内では，保健室へ行くこともできず，泣くことでしか表現できなかった。

「泣く」ことで快と不快や自分の欲求を訴える乳児期を経て，不快な感情や好き嫌いを表現する言語が獲得されると，「嫌だ！」「○○がしたい」と意思表示をするようになる。Aさんは，幼児期に言葉の発達の遅れがみられ，感情をあらわす言語の獲得もできていなかった。そのために，小学校になっても泣くことでしか不快感や嫌悪感を表現できなかったのである。母親は，担任と連絡ノートで情報交換しながら，Aさんの感情を代弁して理解を求めた。学校は，

保健室利用をさせるために，養護教諭との関わりをもてる体制づくりをした。

　小学6年になったAさんは，ほとんどの時間を交流学級で過ごすようになった。筆者は，中学校での適応やその後の社会的自立を考えると自らの困難性を発信できる力を身につけさせたいと考えた。そこで，市販の表情カードや状況認知絵カードを利用して，Aさんが感じていることを聞き取っていった。また，学校生活で楽しかったこと・つらかったこと・頑張ったことをワークシートに書き，その事柄について話を聞かせてもらう時間を月1～2回程度，定期的にとることにした。

　このような試みは，感情をあらわす言葉の獲得につながり，自己表現することの抵抗感を軽減させた。そして，Aさんは交流学級担任教師との関係性を深め，母親に話すように養護教諭にも自分の思いを吐露し，保健室利用ができるようになった。しだいに頭痛や腹痛の訴えをしなくなり，交流学級内で自分のできそうな係を自己決定し立候補するなど積極的にクラスメートと交流するようになった。

3. 衝動性のコントロール

　友だちをたたく・けるなどの暴力行為は，幼児期からはじまる。どのように関われば，それらの行動を軽減させることができるのか，教師が共通な悩みとしてもっている。

　「社会性がない」「衝動性がある」という言葉で発達障害児が表現される。その特性をもつ子どもにどのようにして望ましい行動を身につけさせればいいのだろうか。年齢に応じた言葉で，子どもの暴力行動の背景にある状況や感情を想像しながら代弁してあげることが大切ではないかと考えている。

　養育環境の不適切さが攻撃的な行動を誘引することもある。自分が大切に思われていない，わかってもらえていないという〈大人の守り〉を感じられない養育環境で育った子どもは，安心感を醸成するような関わりが大切である。

　ある保育士が，保育室を飛び出した3歳児に次のように問いかけた。「Bさん，

第18章　児童期の発達障害と感情・社会性の発達

お部屋を出て行ったのはどうしてかなあ？」。するとBさんは「Bが悪いことをしたから」と答え，飛び出した理由をしっかり言語化した。保育士は，大人から叱責されることを恐れてBさんが部屋を飛び出したことを理解した。Bさんは，保護者から厳しく叱責されたり，「やられたら，やりかえせ」と言われながら育ってきている。保育室を飛び出すという行動の背景にある状況を知ることで，叱責をするのではなく「お部屋を出て行く時は先生に知らせてね」と約束し，自分勝手な退室はさせないようルールをつくった。先生に伝えることが，一時的に〈間〉を与え，衝動的な行動を抑制させると考えたからである。

このような衝動性を抑制する取り組みは，幼児期から段階的に取り入れることで，小学校低学年の他児への暴力や集中困難による立ち歩きなどを軽減させるものと考えている。

小学校においても，望ましくない行動を振り返らせ，望ましい行動目標を子どもと一緒に設定し，衝動性の抑制を実践していくことが求められる。しかし，個別的な取り組みは時間に追われるゆとりのない学校社会では，実践することが難しい。

4. 模倣による言葉の獲得

言葉の獲得は，大人の発する言葉の模倣によるものが多くある。特に感情を表現する言葉は，乳幼児期から養育者がしっかりと子どもの思いを想像しながら代弁してあげることで学習していく。感情とそれを表現する言葉が重なり，体験的に獲得していくように思うからである。また，その体験は自分の思いをわかってくれた安心感にもつながる。

友だち関係は同じ遊びをしながら時間と場を共有していた幼児期のつながりから，言語を媒介にしてやりとりをし「心地いい」感情を共有するつながりに変容していく。児童期に入って，不登校になってしまう発達障害児は，他者との交わりに回避的になる。新奇な場面では，不安感や恐怖が先立って「心地よさ」を感じられず，自分の世界にとどまることで心理的安定感を保っているの

である。情緒的交流ができづらい子どもには，取り巻く人的環境，特に大人が，脅かさない程度に対象児へ関わり，働きかけることが必要である。子どもの興味関心にチャンネルをあわせ，遊びを通して時間と場の共有をはかり安心感を提供することが，その働きかけのひとつになる。

5. 養育者との信頼と愛着形成

　愛着の形成には時間をかけてつき合うことが第一である。小児科医であり精神分析家であったウィニコット(Winnicott, D., 1965)はよい母親とは good enough（ほどほどによい）であるといっている。完璧でなく「まあまああえがなあ」と子どもにも自分にも声をかけながら歩む子育てや自分育ての道が，信頼や愛着の形成につながっているのかもしれない。

　愛着や信頼など情緒的な交流が生まれるのは，遊びである。幼児期の遊びのひとつであるままごと遊びは，子どものいろいろな思いが表現される。子どもの言動に驚かされたり，想像力をフル回転させられ，その世界にひきこまれてしまうおもしろさがある。

　ごっこ遊びは，自分から積極的に参加しない発達障害の子どももいるが，安心できる大人が介入して同年齢集団の遊びにいっしょに参加しながら，やりとりをすることはコミュニケーション能力の育成にもつながると考える。2歳児になれば「どうぞ！」「ちょうだい」など他者を意識した発語がみられ始める。遊びのなかに言語による相互交流の機会をもうけ，大人から働きかけることは，回避的な対人関係になりがちな幼児にとって大切である。その際，ほどよさを大切にしながら試みなければいけないことはいうまでもない。

6. 愛着形成が不十分だったCさん

　入学間もない小学校1年生Cさんは，「先生，来て！　ここ，わからん，どうするん。」と叫び，待つことを要求すると大声で泣きわめいた。乳児院で育ちその後も施設を転々としたため，養育者が次々と変わり，信頼の基盤である

愛着形成が不十分なまま児童期を迎えたCさん。落ち着きがなく，友だちとのトラブルがたえなかった。家庭では，面倒をみている養育者が疲れ果てていた。心のなかで保護者が内的対象として存在しておらず，慣れない学校生活が原因で落ち着かない状態にさせていた。

　このように，情緒的な交流がもちづらく，落ち着かない行動の背景には乳幼児期の養育環境に起因するものもある。十分に生育暦を聴き取ることが子どもの行動特性の見極めには必要である。

参考文献
D. W. ウィニコット（1984）『子どもと家庭——その発達と病理』牛島定信監訳，誠信書房

第19章
関連機関との連携

樽本美穂

⇒児相連携や自治体(福祉担当)連携について記してください。

　子育ては，手探りであり，自分の思ったように子どもは育ってくれない。その悩みを解決するために，子育て情報を検索し，「こうすれば上手くいく！」という魔法のような言葉に誘われ試してみても上手くいかないこともある。

　乳児期から夜泣きがひどかったり，表情が乏しかったり，名前をよんでも聞こえてないかのように応じてくれなかったりすることが，育児の楽しさや子どもの成長を喜ぶ気持ちに結びつかなくさせる。子どもの好きなことをさせていれば手がかからず，ひとりで遊び大人にまとわりつかない子どもは，保護者から放置され，発達に遅れがみられる場合もある。

　乳幼児期における子どもの発達は，個人差があり，適切に関わっていれば子ども自身が興味関心を外界に広げて，身辺自立や言語の獲得をしていくものである。しかし，生来的な要因で，発達の偏りや遅れのみられる子どもは，主たる養育者である保護者や保育所・幼稚園・学校など集団生活のなかで発達段階に応じた働きかけを必要とする。

　保護者は，わが子と同年齢の子どもとの違いに違和感をもって個別相談にやってくる。その保護者の気づきを具体的な場面をあげてもらいながら聴き取っていくと，子どもとの関係性が浮かび上がってくる。保護者は，教育関係者とは違って子どもと関係性をずっと維持していく立場にある。乳幼児期に愛着関係や信頼関係を損なってしまうことは，それ以降の子ども自身の対人関係に影響を与える。「みんなと違って……ができない子」という印象から「今は……

が苦手である。それは，発達していくもの」と捉えて，少しずつ変化している子どもの行動に温かなまなざしを向けることのできるような支援を心がけ，よりよい関係性の構築と維持を念頭に置いている。

　発達障害児の保護者は，歩き始める頃から，わが子の予測もつかない行動に困惑することが多い。そのうえ，自分の育て方を否定されるような他者からの言葉によって傷ついている保護者も少なくない。理想の子ども像が社会で語られるなか，目の前にいるわが子との違いが悩みとなり，子どもとどのように関わり育てていけばよいか不安が募り，相談に来られる保護者も少なくない。

　保護者と一緒に子どもの発達を考える時，同年齢の他児との違いをみつけることに焦点化しないように心がけている。わが子と関わりながら，どんな感情が保護者のなかに生まれているか，子どもの状態像をどのようにとらえ，どんな関わりをしたかを傾聴する。今度はこんな関わりをしてみようかと自ら生み出せるような時間にしたいと思っている。わが子が泣き叫んでいる様子を「なんで泣いているのだろう？」とじっと冷静に観察することはできない。また，友だちとトラブルがあったことを教師から聞かされ，心穏やかに子どもと向き合うことはできない。湧き起こる感情は，わが子への怒りや自責の念などさまざまな思いからくる。育てにくさに思い悩み，子どもの気持ちを想像するゆとりをもてなくなるのもいたしかたない。わが子に理解してもらおうと一生懸命言葉を選んで説諭しても，また同じことをくりかえすなど，わが子に親の思いが通じない歯がゆさを抱くこともあるだろう。発達障害児の物事の考え方・捉え方は，特異的であり，その感覚がどのようなものであるかを一緒に考え，子ども理解をすることに寄り添う。保護者は，子どもにとって最大の理解者である。来談してくる保護者は，子どもについての悩みを語りながら，よりよい自分の関わり方を探している。その保護者にさまざまなことを要求し，疲弊させてはいけない。自分にできていること，できそうなことを見つけながら，わが子と過ごす時間を少しでも心地よく感じられるよう支援していくことが大切だろう。

1. 保護者の心理的負担の軽減

　発達障害児の支援は，乳幼児期に早期発見し適切な療育などをうけ，就学後の本人の困り感をできるだけ軽減することが目的のひとつである。その支援は，子どもを取り巻く環境が変わっても引き継がれていくものであってほしいと願っている。個別相談に来談した保護者のなかには，「また，同じことを話さないといけないのでしょうか」と生育暦や子どもの状態像の説明をすることに抵抗感を示す方がいる。このような，心理的負担を軽減するためにも，保護者の了解をえたうえで，支援をする関係者は連携していくことが大切である。

　1歳半健診・3歳児健診の結果と巡回カウンセリングで観察した子どもの状態像を重ねあわせることは，発達段階をより正確に知ることにつながる。個別相談では，保護者がどのように健診結果を受け止めているか聴き取り，日常生活のなかで発達が促されるような関わりを考えたり，専門的な療育をうける必要性の有無を判断している。また，就学前には，より子どもの認知特性や発達段階を知り，学習支援に結びつけることができるように，専門機関での検査を勧める場合もある。しかし，早期発見＝早期診断とは考えていない。保護者が受診を考えるなど専門機関につながる必要性を感じるまで待つことは，診断結果を落ち着いてうけとめるように気持ちを整えることにつながる。受診に結びつかなくとも，早期に子どもの行動特性を見極め，支援を開始することは，より発達を促し，保護者の子育てにおける日常の困難性や不安感を軽減することにつながるだろう。

2. 偉大なる母的な存在

　発達障害児との対話で，「お母さんがいったから……○○をした」と話すことが少なくない。彼らは，素直で純粋なため，母親から教えられたこと，よりよい考え方や行動を日常生活場面に取り入れようとする。乳幼児期から児童期には，その偉大なる母的な存在を感じさせるような環境つまり，守られた環境

を整えることが，自分を取り巻く外界への不安や緊張を軽減するだろう。そして，思春期に入れば，体験的に学んださまざまな対処行動のなかから，状況に見合ったものを自分で選択し自律的に対処行動を取れるように仕向けることが必要になってくる。そして，社会で自立することを見据えての関わりに移行していかなければならない。しかし，この意識の転換は保護者にとってなかなか難しく，つかず離れずの心理的距離感で関わることは，保護者の不安をかきたてる。

　心理発達面からみると思春期は愛着と自律の移行期である。この点は，発達障害児にとっても定型発達の子どもと同じである。「従順にいわれたことを素直に行動にうつしていたのに，頑として動かなくなった」と一見こだわり行動の重症化のようなエピソードを聞くことがある。しかし，これは子どもたちの心のなかにある親から自立したい思いのあらわれであり，心理的成長の証である。この時期に自己感覚や自己概念をしっかり形成するためには，大人が鏡になり，「あなたは，どう思うの？　どんなふうに感じたの？」と問い返し，「あなたは，……だと思ったんやね」と映し返すようなイメージで思いを整理してあげたい。わが子との関係性をしっかりと乳幼児期から構築し，思春期には安心して相談できる大人のひとりとして保護者が存在してほしい。そうすることで，自己感覚を整理し，対処行動を確認していくプロセスをもてるのである。

　上手くいかないことへの怒りが自傷行為や他罰的な言動になってしまうことの多い思春期である。学校などでストレスフルな生活になりがちな子どもは，家庭内でその怒りを保護者に向けることもあるだろう。家族への暴力が激しい場合には，医療機関への受診・入院など一時的に家族と距離をとることもひとつの方法である。発達障害児は，人と関わることに苦手さを感じていても，自分を理解してくれる人，困った時に助けてくれる人，自分を脅かさない人を拒むことはないのではないだろうか。保護者は一番身近な存在として，成人以降も情緒的な交流を続けることができるよう存在し続けてほしい。しかし，家庭内で抱えるには，限界がある。社会的自立を果たすためには，人と関わり，さ

まざまな社会資源を利用する力を発達障害児に身につけさせることが大切だろう。
　専門機関(医療や相談機関)を保護者が利用することは，長期的に子どもの発達を支えていく社会資源を知る機会である。保護者の目で子どもにあった社会資源を選び，子どもにその機関の情報を伝え，将来的に発達障害児(者)が自ら安心して利用できるような相談体制になればと願う。

第20章
保護者との関わりについて

岡田倫代

⇒保護者との面接で解決するのに不可欠だった事案の整理。医療機関連携について記してください。

　以下のグラフをご覧いただきたい。これは，2014年6月に実施した，丸亀市の公立A保育所に子どもを預けている保護者約100名のアンケート調査結果である。保護者の子育てに対する感じ方「①育児についていろいろ心配なことがある，②つい感情的に接してしまう，③子どもの発育・発達が気にかかる」についてもっともあてはまるものをひとつだけ選んでもらった。

　この結果から，

　①育児についていろいろ心配なことがある

　②つい感情的に接してしまう

については，9割の保護者が「心配」であり，「つい感情的に接してしまう」と回答している。しかし，

　③子どもの発育・発達が気にかかる

については，半数の保護者が気にしていないことが，明らかになった。したがって，まだまだ発達障害についての啓蒙に至っていないと考える（図20.1，20.2及び20.3）。

　保護者との面接では，大きく2つに分けられる。

　ひとつは，保護者が自分の子どもの発達障害に気づいている場合，もうひとつは，まったく気づいていない場合である。

　発達障害に気づいている保護者に関わる場合は，まず保護者の気づきをほめ，これまでの関わりを労うことを第一に考えている。そして，保護者がひとりで

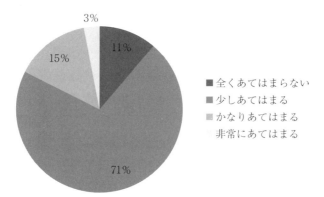

図20.1 「育児についていろいろ心配なことがある」についての回答の割合

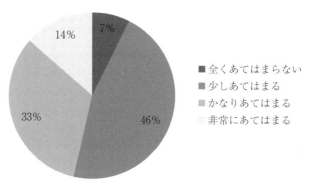

図20.2 「つい感情的に接してしまう」についての回答の割合

悩む必要がないことを伝え，早期療育につなぐようにしている。発達障害に気づいていない保護者の場合は，できるだけ保護者の困り感を共有するようにする。そして困り感から保護者の気づきを促し，その気づきを解釈し，寄り添い，伴走者となるよう心がけている。それでも気づいてくれない保護者の場合は，定型発達児の標準発達を一緒に眺めて，比較してもらうことから始めている。

いずれの場合でも，早期発見，早期療育の効用を伝え，専門医受診につなぐ

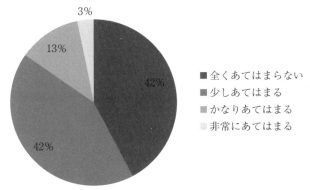

図 20.3 「子どもの発育・発達が気にかかる」についての回答の割合

ようにしている。専門医受診については，保護者にとっては敷居が高いので，筆者が予約を取り，できる限り同席する。そうしないと，時間だけが経過し保護者は自分なりの解釈に至ってしまうことが多くなる。そして子どもの発達障害を否定してしまい，事実から目を背けてしまうようになるからである。

精神科という標榜には，やはり独特な感覚を覚えてしまうのであろう。しかし，子どもにとっての利益は何かを第一に考え，保護者に納得してもらうことを心がけている。まず保護者の困り感を具体化し，次にその困り感が，実は子ども本人の困り感であることを説明し，それに焦点を当てる。最後に二次障害についても伝えるようにしている。

専門医受診に至っては，できるだけ父親も同席をお願いするようにしている。場合によっては，担任保育士や担任教員にも同席してもらう。病院では，子どもの状態に応じて，田中ビネーVやWISC-IVなどの知能検査，バウムテストや描画が実施される。また診察では，保護者を含む家族構成や家族歴など，また周産期の様子，それぞれの健診に至るまで詳細な聴き取りが行われる。その際に家庭以外での子どもの生活場面があると，その様子も不可欠になる。なぜなら，保育所や幼稚園，学校では大人しいが，家庭では正反対の様子を呈して

いたり，またその反対であったりする場合があるからである。したがって，子どもの生活場面全体での共通理解と統一した支援が必要になるのである。医療機関での診断の意味は，決してレッテル貼りではなく，その子の特性に応じた適切な支援を受けるためであることを忘れてはならない。たとえば保育所・幼稚園から小学校へ入学するとき，保護者には，事前に小学校での下見のお願いができる。できれば本人連れでの，靴箱や座席の位置はもとより，入学式の入退場の仕方までシミュレーションが可能になる。これは，小学校から中学校へ，そして中学校から高校への場合も同じである。すなわち合理的配慮の観点に基づいた支援につなぐためであることを忘れてはならない。

　子どもは，みんなに支えられて育つこと，ゆえに保護者もひとりで悩むことはないこと，また保護者の前には，たくさんの差し出された手があることを示すように心がけている。そしてその一番近いところに筆者もいるということを体感してもらえれば嬉しいと思う。

　そしてまず，保護者と保育士や教員の連携は欠かせない。そこで特に発達障害をもつ子どもに有効な行動に焦点を当てた「ほめほめノート」（図20.4）を紹

```
                                10月7日（火）    ほめほめノートの書き方のポイント
・岡田（教員）より                                ①小さいノートの1ページを半分にし，上に教員
　今日の5時間目，黒板消しを一                    のコメントを，下に保護者のコメントを書く。
人で，全部してくれました。自分
の役割をきちんと果たす，すごい                    ②1日ひとつだけ，具体的にほめる。ほめたら，
子で感心しました！                                その行動に対して，短い感想を書く。

                                                  例　行動…黒板を消した
                                                  　　感想…すごい子で感心した！

・保護者（母）より                                ③本人には，「連絡ノート」なので，絶対に見て
　夕食の後，家族の食器を流しま                    はならないと伝えておく。さらに輪ゴムで止め
で持って行ってくれました！                        ておく。
「食器を流しまで」という約束を
見事に守ってくれてうれしかった                    ④連絡に使うノートではないので，余計なこと
です！                                            （例昨日は，忘れ物を届けてくださってありが
                                                  とうございました！以後気を付けます等々）を書か
                                                  ない。連絡は，メールか電話でする。

                                                  ⑤子どもがこのノートを見ているかどうかは，子
                                                  どもがノートに書かれたことを繰り返すのです
                                                  ぐに分かる。
```

図20.4　「ほめほめノート」

介したい。低学年から高学年まで，筆者が紹介した保護者及び教員の全員から，効果がみられたとの声を聴いている。

　保育所や幼稚園でまだ字が読めない子どもにも同じ方法で実施するが，本人が読めないので，保育士が保護者の書いてきたことを子どもに伝えて「すごいなぁ～！　ママが……と書いてるよ！」と本人に話して聞かせる。保護者は，「すごいなぁ！　先生が……って書いてるよ！」と本人に話して聞かせる。これを繰り返すのである。子どもは，ほめられると何度も同じことを繰り返す。また，保護者が保育所や幼稚園であったことがよくわかり，子どもと話をするきっかけにもなる。子どもも叱られたり注意されたりするのではなく，ほめられるという嬉しい体験をするので，さらに話そうとする。このようにして親子のコミュニケーションがスムーズになっていくきっかけにもなりうるのである。

　また，小学校の低学年の子どもには，「ほめほめ付箋紙」(図20.5)の活用をおすすめしたい。これは，教師が子どものよいところを付箋紙に書いて，連絡帳に貼っておく。保護者がそれを見て，子どもに伝え，付箋紙を家庭内の掲示板に貼っていく。冷蔵庫のドアや食器棚のガラスなどでもよい。ポイントは，子どもだけでなく保護者の目につきやすい場所に貼ることが大切である。子どもも保護者も常にそれを見ることで，常に子どものいいところに注目できるようになる。付箋紙の色を変えて，保護者が自分の子どものよいところを書いて貼っていくのも楽しい。教員と保護者とどちらが多く子どものよいところを見つけられるか競争してもよい。子どもは自分のよいところを再確認でき，自信が生まれる。保護者も子どもを認められるようになる。「ほめほめ付箋紙」が目に見える形で，どんどんたまることによって，子どもの長所が実際に目に見える形でたまり，子どもの自信もどんどんついていくのである。保護者自身も子どもに対する自分の対応でほめられるときに，「保護者用ほめほめ付箋紙」を作成して貼ってためてもかまわない。

　さらに，小学校高学年から中・高校生には，「はあと分析」(図20.6)をおすすめしたい。これは，思春期・青年期の子どものモヤモヤした気持ち，言葉にあ

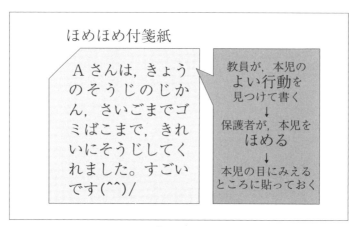

図 20.5 「ほめほめ付箋紙」

らわしにくい気持ちに注目し，できるだけ言語化することで客観的に自分の気持ちに向き合う手助けをするツールである。教員や保護者と一緒に，はあとを描いて，自分の気持ちをそこにあらわしていく。顔でも文字でも，天気でも……何でもよい。それを教師や保護者が具体的に聞き出しながら，子ども自身が自分の気持ちを分析していくのである。そのうち子ども自身が，何かに直面

図 20.6 「はあと分析」

してイライラしたとき，モヤモヤしたとき，自らこの作業をすることで，少し落ち着いて自分自身と向き合えるようになるかもしれない。

第21章
保護者の力

あいざわいさお

⇒普段実は忘れられている，あまり言及すらされてこなかった，保護者の存在，特にその力について書き留めておきたい。

　今はもう降りているが，香川県内で10年間ほどスクールカウンセラー（SC）の任に就いた。引き受けるか否か最初は躊躇した。詳細は省くが，よしやろうと決めたのは，先方の話題のなかで，いわゆる「教育困難校」というのがあり，何とかならないものかと多くが悩んでいるということがきっかけだった。県下でも相当大変だという学校にSCとして週2回4時間ずつ出向いて現場の先生方と一緒に改善していくという夢をみた。相談室で日がな一日読書するような学校に行くのは面白くない。新しく加わった日常の1ページであるSCとしての勤務は，すべてが新鮮で驚きに満ちたものだった。最初の日，職員室へ入ると，皆が私を無視する。私がいるのに，「いない」ことにしているのが丸わかりだった。

　SCなんて何の役にも立たない。

そういわれているようで正直悲しかった。大学教員なんぞに何もできやしない。悲しいが外れてはいない。私たちは心理学を教えてきた歴史のなかで，心理学というものを，大学教育をうけた者たち，とりわけ，教員になる学生たちには，「教養」的な性質に止めた責任があったからだ。面白いが役に立たない。英語の文献を日本語に訳す心理学。

　私が最初にしたことは，意外かもしれないが，挨拶だった。挨拶を返して貰

えるまで先生一人ひとりの顔に微笑みかけつつ,「おはようございます」と挨拶をした。元来教員の多くは人との関係性がすこぶる良好だ。だから,この挨拶作戦は,大きな平和を,教員たちと SC との間に作り上げた。さらに,「反省会」という名の各学期に一度以上ある飲み会には全部参じた。SC が毎回顔を出したのは初めてのことだと幾人かの先生と管理職にいわれた。そのときは,単なる話好き酒好きの大学教員だと思われていたし,それでよかった。

　私には2番目の作戦があった。作戦というのは,幾重かの重層性がなくてはならないと,学部学生時代に恩師たちの行動から学んだ。福祉作業所のパンを飲み屋で売り歩いた山本晋先生しかり,勉強好きが服を着たような気鋭の神保信一先生,酒の飲み方まで教わった尾形健先生,そして,間を取ることの大切さを見せてくれた野口明子先生。計画はシンプルでかつ重層的につくれ。失敗したときにどん詰まりではだめだ。そう教わった。

　2番目の作戦は,その「問題」多発校を,成績の面でもスポーツの面でも県で一番にすることだった。最初はこの大学教員はただのお調子者だと思われたはずだ。それでも,行く先々で「S 中学校を,S 町を香川県で一番にしましょう」という合言葉を繰り返した。何度も繰り返すと,さすがに皆苦笑するが,私が割と真面目にいっていることに気づいてくれる。教員たちも同様だ。

　みんな,子どもたちのことが好きで教員になったのだから,ナンバーワンにしましょうといわれれば,「それもありだ」と思ってくださるものだ。だいぶ時間はかかった,といっても,見届けて SC を降りたので 10 年間はかからずに,実際に勉強面ではナンバーワンとなった。校区外の学校に流れていた子どもたちの数が戻ってきた。1 学年 2 クラスだった学校が,3 クラス,4 クラスに増加した。スポーツは割と難しかったが,いくつかの部活は優秀な成績を残した。

　自慢話をしたいわけではない。教員にも子どもたちにも動機づけがあったればこそ,町の大人たちも教委も学校の先生も児童生徒も,その気になったのである。ある種の奇跡にみえたようだが,カラクリはシンプルだ。私は掛け声をかけただけのようなものだ。もちろん,それでお礼をいってくださるのだから,

ありがたい。伝説の中学校物語だ。

　さて，SCとしての私が，重層性の核心部分でもっとも力を入れたのは，じつは，保護者面接である。児童生徒の面接も数多くこなしたが，どんどん保護者と面接した。同時に，担任との面接も時間の限り詰め込んだ。せっかく力があるのにもったいない。SCとして勤務している間に何度もみた子どもたちの姿だ(じつは，教員だってそうなのだ)。やんちゃを繰り返す坊やが最初は突っ張っていたのに，「ホントは俺だってこんなことはしたくねえし，高校にも行きてえ」というのは，そっくり本音である。だったら，周りがわかってやれ，というのがSCおじさんのやり方だった。

　さまざまな保護者たちがいた。この学校と，別に詰めていた裁判所での面接の経験は，私をなかなか達者にしてくれた。私のスキルはともかく，保護者も学校という場であまりいい経験はしていない。でも，自分の子どもについては，当然だが，幸福になって欲しい親心がある。先生からも褒めて欲しい。じっくり誠実に話せば，それだけ効果があがるというのが親なのだ。

　1990年代のSCの多くは，保護者面接が得意でなかった。保護者の得体の知れぬ背景が脅威だったし，同じ大人だから，SC評価も鋭い。保護者も学校もカウンセリングには慣れていない。当然のことだ。一歩でも退いたら仕事にならないとわかりつつ，苦手意識は拭えぬものだ。10年も経つと，多くのSCは保護者面接が平気になっていった。年輪がかれらを引き上げたことは無視できない一面である。若いSCは保護者面接が苦手だ。スキルは高くとも自分と同じあるいは自分より年長の人との面接は難しいことは確かだ。幸運にも私は大抵の保護者よりは少しは年長だった。

1. 保護者の存在

　小川が5章で指摘するように(「学校での活用　その1(保護者と本事業の橋渡し)」，保育所や学校へ行けば，保護者たちの目に，本事業の項目で保護者に関連のあるものが飛び込むようにしておいてくれる。教員たちも保護者が参加利用でき

る，さまざまな事業項目を紹介してくれる。特に，教員たちは保護者に沿ってその情報を伝えてくれるので，たとえば，相談のために来室した保護者は目的的な利用の仕方をする。「じゃあ，お母さん，相談に行ってみるのもいいんじゃないですか」といった，ぼんやりした勧め方はしていない。「その問題は専門家がカウンセリングをしてくれるので行くといい」と勧める。目的が絞られていない，消極的な姿勢で来室する場合，面接（カウンセリング）の回数を3回までに絞っていることもあり，初回の時間でその部分を割かねばならなくなり，実にもったいないのだ。そういう相談があってもいいが，保護者が求めているのは，子どもたちについてのさまざまな課題解決である。

　子どもたちもひとのなかで生きているから，「お子さんだけの」問題だと認識すべきではない。できる限り有効に時間を使って，学校などへの働きかけも含めて提案したいし，時に介入もしたいのだ。「お子さんは，ASDのようですね。一度受診してみるのもいいのではないでしょうか」という面接は避けねばならない。子どもの存在は社会のなかにあり，その社会がどうか，その社会への関係性も含めて提案するための知恵の引き出しがなければ，単なる医療連携事業に陥る。ならば，最初から，こういう問題がある時には○○病院，と保護者向け配布資料に記して，年度の最初に言い置けば事足りるではないか。

2．養育の問題と課題

　別の章でもふれられていることだが，養育問題とよばれる事態がある。新聞やインターネット上のニュースでもそうだが，たいていの養育問題は「虐待」という親による問題行動に集約されると思われてしまっている。虐待は線引きが必要である。刑法にふれるようなものであれば，説明不要だが，時に，虐待は「親権の範囲内」という主張と衝突して，そのことばかりに時間が掛かるきらいがある。もちろん虐待認定は重要な仕事だから，なおざりでいいといっているのではない。そうではないが，子どもたちの発達に否定的でかなり不可逆的である，保護者などによる行為は虐待行為に限らない。私たちはそうした養

育の問題を「不適切な養育」とよぶことが多い。テーマを線引きから，子どもたちの発達への悪影響という捉え方に切り替える工夫でもあるし，虐待の認定以前にも介入可能な人権擁護的な概念だ。

　虐待を含む不適切な養育の場合早期介入が鍵である。保護者も子どもが乳幼児期の場合，養育の経験が浅く，戸惑うことも多く，親としての未熟さゆえに子どもたちの問題はより悪化しているようにさえみえることがある。特にかんしゃくのように極端な昂奮の場合，あるいは脳の成熟過程から見直せば，昂奮しやすい事例もある。こういうタイプの子どもの養育の場合，親の方も子どもの昂奮状態に同調して昂奮しているケースが見受けられる。

　昂奮したら，いつもは冷静で穏やかで落ち着いていると周囲が評価するひとであっても，あるいは，そういう評価が集まるようなタイプの場合は余計に混乱して昂奮がピークになりやすいかもしれない。このような場合は，やはり，支援があった方がいい。従前の日本のように農村中心の社会であれば，誰かがそこに柔らかな介入をするものであるし，親の方も周囲の子育てをみてきているから癇の強い子というような安心の仕方もあった。

　「こんなにママが一所懸命にしているのに，なんであなたは泣き叫ぶの！」――支援だなんてよぶからいけないのかもしれないが，誰かがこのような親子を支えてあげねばならない。気がつく保護者たちは，たとえば役所に電話して保健師に見に来てもらうなどの方策が取れる。経験豊かな保健師の来訪でその保護者と子どもは支えられることになるのだ。

　1歳半頃に30％程度の親子は誰かのフォローがあった方がいい。そして，できればもっと早い方がいい。1歳半健診という制度はこの点でも世界に誇れるものだと思う。が，実はもっと早い方がいい。養育の不適切さは当然乳児期には始まっている可能性が高い。養育は保護者の責任ではあるが，今書いたように，なんでもかんでも保護者が悪いから，という非難の仕方は30％の保護者の姿をむしろみえないようにすることがある。

　丸亀市発達障害児支援協働事業の目指すところは以上のように早期発見・早

期の支援だが，まだまだ届かない。本事業がすべてカバーできるわけはないが，発達障害の場合，その30％内でハイリスクになりやすい。あるいは，児のハイリスクはともかく，保護者の側にハイリスクの要因がある場合も見受けられる。もちろん，よく指摘される「虐待の連鎖」のようなケースもないわけではないし，その場合は支援チームを組むのがいいと思われる。むしろ多いのは経験不足に由来する問題である。保護者自身も子育てを親族内であるいは近所で見ないで育つ。近隣との関係も薄いから，忠言が届く範囲にいても，そういう関係性の薄さは決定的にひとをコミュニケーションから遠ざけてしまうものだ。

　窓口で待つ支援も必要だけれど，こちらから出向く支援がもっと可能となれば，早期に解決がつく子育て環境はじつに多いと思う。子育てを監視するという力が働きやすくなることにはじゅうぶんに注意を払う必要があるが，緩やかに地域を見守る視線のなかに，養育環境を置けないものだろうか。

　本事業を含めさまざまな施策によって，少しずつだが，近づくことは可能だと思う。

3．保護者の力

　保護者はただ「支援」される存在ではない。本事業における「地域」の主体のひとつは明らかにかれら保護者である。事業のもうひとつの発展性は，保護者と共につくる側面だ。「すきっぷ」や「ほっぺ」でそれは実証済みだが，もっと広い範囲での「共につくる」ことはまだこれも始まりかけではあるが，これまで文字としては書かれたことがない。

　地域における支援の成熟したカタチのひとつは「皆で一緒につくる」ことだ。だから，自治会衰退を嘆いて復興をいろんな地域で試しているのだと思う。大きな災害を経験したこともこの活動を促進しているだろう。しかし，子育て，特に発達障害などの場合は，最初の世代の保護者たちが次世代との関係性をつくれば「つながり」やすくなる。

　子育ての大変さは教科書では伝わらない。実際に経験した者同士は当意即妙

なる可動性の高さも含めて息が合う。「ああ，それだったら，協働事業に連絡してみるといいよ」という一言は多分出やすい。難しい顔でそういわれるのではない。ちょっと先輩のお母さんから聞いた言葉は金科玉条に匹敵する，あるいは，それ以上の価値があるものだ。事実，そういって，つまり「知り合いから聞いてきたのです」という保護者は面接場面などで増えている。

　本事業で「支援される」側だった保護者たちの一部は，やがて，スタッフの1人，2人になってもくれるのだ。感動が目の前でおきている。あの時NPOが私を誘ってくれたのは，この感動のためだったのだと振り返る日がある。

　地域。遠かった言葉がいきなり私に接近した。一人では決してできないことである。NPOや学校教育課のOさんや児童課のSさんの才能と，子どもたちと地域へのかれらの溢れる愛情が最初の一歩を育んだ。それをつないでいく。連携はひととひととを同じときにつなぐだけではなく，時と時とをつないでいくものだと，私は確信している。

第22章
保育士・教員などと共に

樽本美穂

⇒保育士・教員などとのコンタクトの重要性を担当事例を整理あるいは抜粋して書いてください。

　巡回カウンセリングにおいて，保育士・教員から語られる内容は，他児と比べて発達に遅れを感じる点や他児に対する暴力などへの対処についてなどである。また，保護者とどのように情報連携しながら協働し，子どもの発達を促す試みをしていくかなど保護者対応についての相談もある。

　保育所・幼稚園では，小学校に比べ子どもについて保護者と話をする機会が多い。しかし，勤務先に向かう途中など，時間に追われて送迎している保護者のことを考えると，保育士から話しかけることは，タイミングを見計らい気遣いのいることである。保護者との情報交換は，口頭で伝えられるだけでなく，連絡ノートによるものもある。日常の丁寧な保護者とのやりとりが，日々成長していく子どもの様子についてふりかえる時間につながっているように思う。子どもを大切な存在として養育しているのは，保護者も保育者も同じである。そのことを共通理解しながら支援した事例を通して，保護者との連携について考えたい。

　ある保育士は発達面で気にかかる子ども3歳児Aさんをうけもっていた。2歳児からうけもっており，他児と行動面で大きな差を感じ始めていた。
　言葉数が増えてきたものの，排泄や食事で身辺自立が十分でなく，他児と同じ行動がとりにくかった。制作活動においても，指先の不器用さがあり折り紙を折ることなどに抵抗感を示し，自分でとりかかろうとしないAさんだった。

園外保育では，他児と手をつなぐことを拒み，自分が興味のあるものに目を留め，急に道路へ飛び出すなど，目が離せない状況であった。

このような状況を保護者に伝えても，「誕生月も遅いので，ゆっくりと成長しているんだと思います」といわれ，あまり気にかけてない様子に保育士は困惑していた。

「どのように，お伝えすれば保護者にAさんの状態をわかってもらえるでしょうか？」と筆者に困り果てた様子で相談があった。まず，保護者の印象について話を聴いた。保育士は「お勤めをされているので，ゆっくりとお話をすることができないんです。本当はAさん自身にやってもらいたいことを，時間がないから保護者がさっさっと代わりにしてしまって……Aさんは自分でしなくて……本当は時間がかかっても自分でやってほしいのですが……」と，多忙な保護者がAさんのゆっくりした行動につきあい切れず，自分でさせていないことが，経験不足による身辺自立の遅れにつながっているのではないかという印象を伝えてきた。「保護者がせずに，Aちゃんは自分でできるからさせてくださいねって，お願いしても，ダメなんです」と話した。保育士が伝えた保護者への要望は，Aさんの成長を考えれば，間違ってはいない。しかし，「こうして欲しい。」という保育者の願いが強ければ強いほど，介入を拒む保護者には，受け入れ難いものになる。保育士に対して回避的になり，話し合いの機会さえ失ってしまうことになりかねない。そこで，子どもの養育者という同じ立場で，保護者と保育士が協働作業をする関係性を構築できればと考え，筆者は次のように伝えた。

「まず，おうちでの様子を聴いてみることにしましょう。Aさんの家での様子を教えてもらうような言葉かけをしてみませんか。そして，お母さんが困っていることがあれば，そこから一緒に考えましょう」

しかし，保護者の応答は「特に困ったことはありません。兄も同じようでしたし……」だった。時が経つにつれて，保育所で他児とのトラブルが度重なるようになった。保育士の困り感は高まり，ストレスフルな毎日を過ごしている

ことが理解できた。筆者は日常のAさんへの関わりの大変さを労う言葉とともに，「保護者にご理解をえられなくても，保育所でのAさんの状態をそのままお伝えしていきましょう」と伝えた。

　数カ月後，筆者が担当している個別相談に保護者が来談した。保育所からの勧めではなく，自ら丸亀市の広報誌をみて，相談日を確認し予約をする自主来談だった。来談した経緯を聴いていると，保育士が丁寧に日々の様子を伝えていたことが，保護者に他児との発達の違いを感じさせ，相談意欲を高めていたことがわかった。

　個別相談では，「仕事など，つい時間に追われてAにゆっくりつきあうことができてなかった」とふりかえったり，3歳児健診後のフォローの相談に行けていなかったことを率直に話された。そして，就学を見据えてAさんの自立的な生活を目標にしたいくつかの試みを筆者と一緒に考えていった。

　後日保護者から個別相談をうけたこと，これからAさんとしっかり向き合っていきたいことなどが保育士に伝えられた。そして，毎日手をつないで登園してくるようになった。小学校入学を見据えて，安全に登校できるように，左右の確認や道路への飛び出し防止のために一緒に手をつないで歩くことを考えた保護者の変容だった。また，Aさんが通園バッグのなかから持ち物を取り出し，所定の位置に置き終わることを見届け，帰っていくようになった。

　このような保護者の変容にしっかりと気づき，Aさんの行動の落ち着きにつながっていると認識を深めた保育士の姿に学ぶ点が多くあった事例である。

　また，本事例は3歳児健診後のフォローが必要な対象児だったにもかかわらず，保護者の多忙感を理由にフォローがうけられていない事例でもある。幼稚園や保育所に在籍している発達の気になる対象児は，保護者の仕事などの都合により親子教室など母親との関係性を上手く維持するための行政サービスをうけづらい状況にある。養育環境が乳幼児期の発達に大きく影響することを考えると，幼稚園や保育所での保護者とのつながりは重要視しなくてはいけないだ

ろう。
　発達に遅れがみられると判断した場合には，適切な療育機関につなぐことが必要である。就園児は，幼稚園や保育所がその役割を担うことになるが，保護者にどのように伝えるか，しっかりと保護者の思いを踏まえながら行わなければならない。保護者によっては，ゆっくりとした成長という認識が強く，受診や相談に難色を示すこともある。その気持ちが熟すことを願いながら，根気強く保護者に子どもの状態像を伝えることも必要だろう。その一方で日々の集団生活において，定型発達児とは異なる行動特性を理解し，個別的な関わりをもち支援をし続けることが求められているように思う。

第23章
A子のこと

熊谷由紀

⇒保育士・教員などとのコンタクトの重要性を担当事例を整理あるいは抜粋して書いてください。

1. 子どもの「居場所」

　ASD（自閉症スペクトラム障害）をもつA子の話である。小学校3年生になったある日，「保育所で，給食を食べ終わるのが遅くなって引っ越しする（席を移動）のがつらかった」「2歳くらいによく着ていた茶色のトレーナーが大嫌いだった」，突然そんなことを言い出した。当時は，そんなことは何ひとつ口にしなかったのに，ふと思いついたように何年も経って話しだしたのは何故なのか…？

　A子は，このような保育所時代に抱いていた「思い」を，この一時期よく口にしていた。何故，この時期だったのか。もしかしたら，自分の感情を自覚することが苦手だったので，当時はその思いを表現する言葉をもちえなかったのかもしれない。あるいは，元来まじめな子どもで，特に先生のいうことは厳守しようとするところがあったので，「つらい」「嫌だ」といったネガティブな思いを口に出すことを，"ダメなこと"と思っていたのかもしれない。数年という時間が経ち，自分の経験を客観的に振り返れるようになったり，言語化できるだけの表現力が育ったからかもしれない。時間が経って語られた理由はわからないが，親をはじめとした周囲の大人は，当時のA子にこのような「思い」があることには気づかなかった。表面にみえている「よい子」の姿が，周りがみていた彼女であった。

A子は，小学校入学後まもなく学校に行けなくなってしまう。誰でも，学校に行けないことはダメなことだと罪悪感をもつものである。さまざまなことをまじめにとらえすぎる彼女には，それがなおさら強く感じられた。「学校は誰もが行かなければいけない場所」だから，皆ができていることができない自分は「ダメな子」だと感じるようになった。生きる自信をなくし，世の中のいろんなものを「怖い」とまで感じるようになった。

　しかし，ある場所と人との出会いから，彼女は，「がんばって適応しようとしなくてもいい」「無理せず自分のペースで歩いていい」ということを知った。いわゆる「よい子」でない部分も含め，そのままの自分の姿を受け止めてもらえたからだ。彼女の親も，そのままの彼女を受け入れてくれる人たちの関わりと，少しずつ成長する娘の姿に学び，「皆と同じようにさせなければいけない」という思い込みから脱することができた。そして，彼女の生きづらさを支えようと努力するようになった。なくした自信を回復するまでには数年かかったが，こうした周囲の大人の理解と支えによって，少なくとも，A子自身が自分を責めることはなくなった。失敗しても「ダメな子」ではない，失敗するかもしれないけどチャレンジしてみよう，そう思えるようになった。「怖いものだらけ」の世の中が，「ほんのちょっと怖い時もある」程度になり，迷ったり止まったりしながらも，今は自分の力で，少しずつ世界を広げていっている。

　A子の成長をみるにつけ，子どもが自分の力を発揮して力強く育っていくには，何よりも自分の「居場所」が必要なのだと感じる。そこが「居場所」と思えるようになるには，自分を理解してくれる人の存在が不可欠である。子どもの「居場所」とは，自分がここにいていい，自分が生きていてもいいと安心できるということ，また，そう保証されていると実感できるということである。子どもが生きる自信とエネルギーを得るためには，それ以上の物はないのではないか，彼女の成長はそう感じさせる。

2. 子どもの「思い」

　発達障害のある子どもは，叱責されることや失敗経験のくり返し，他の子どもと同じようにできないという自覚から，自分を「ダメな子」と思いやすい。そのような経験が心を傷つけ，自己評価を下げてしまう。また，子ども（年齢が小さいほど）は，二者択一的な思考をもっている。子どもにとって親や先生は絶対的であるため，大人が悪くなければ，叱責される自分が悪いのだと考える。「他の子どもと同じようにできない」ことで，他でもないその子ども自身が自分を責めるようになる。自分は価値のない人間なのではないか，必要とされていないのではないか，そう感じるようになる。

　自分を理解しようとしてくれる人がいないこと，困った時に手を差し伸べてくれる人がいないことは，こうして子どもの心に自責の念を増幅させる。大人への不信感をも抱かせる。不信感は，「怒り」を育てる。子どもの心に生じた「怒り」は，子ども自身を罰し，外界にも攻撃を向けさせる。そうなると，周囲の関わりや言葉が受け入れられなくなる。どこに向かっても，「怒り」は浄化されず，苦しみから脱することができなくなる。

　子どもたちの抱く「思い」はすべてが言語化されるものではない。表面にはみえてこない「思い」があること，A子がそうだったように，語られない「思い」があることに，周囲の大人は思いを巡らせなければならない。

3. 支援者の「思い」

　子どもの「思い」を知るためには，目に見える行動から推察するより他にない。周囲の大人は，目に見える行動や表情，自分との関係性などから「思い」を読み取ることになる。

　ところが，発達障害のある子どもたちは，行動や表情と「思い」が一致しないことがある。困っていることがうまく表現できずにイライラしてみせたり，叱責されている場面で，どうしていいかわからず笑ってしまったりする。この

ような行動は，周囲に誤解を与えてしまう。誰よりも本人が，集団に合わせた行動をとることに困難を感じているのであるが，周囲からは怠けによるもの，性格によるものにみえてしまうこともある。

　子どもの育ちに関わる大人は，誰もがそのよりよい成長を願い，そのために力を注いでいる。にもかかわらず，このように「思い」が読み取りづらい状況が続くと，そこに悪意を感じるようになる。「自分に反発しているのではないか」「わざと困らせようとしているのではないか」といった，ネガティブな感情を抱いてしまう。はじめから，その子どもにネガティブな感情をもっているわけではない。何度言っても伝わらない感じ，当然返ってくるはずの反応とは違う態度，理解できないと感じる言動……関わる日々のこのような積み重ねによって負の感情が育ってしまう。たとえ，子どもの成長のためにと熱意をもって関わっていても，こういった感情を抱く可能性があるのだ。

　また，発達障害のある子どもも，集団の一員である。理想である対応がわかっていても，常に1対1でベストな対応ができるわけではない。多くの場合が集団のなかで関わることになり，子ども同士の関係性や他児への影響も考えなければならない。子ども同士が反応し合い，適切な関わりを困難にしてしまうこともある。

　このように，発達障害を抱える子どもの育ちを支援するには，支援者側に多大なエネルギーが必要となる。そのエネルギーを保ち続ける時に，自分の考えや時に生じるネガティブな感情を理解してくれる者の存在は支えになる。直接，子どもたちを支援するのは保育士や教師である。直接子どもに関わらない，筆者のような立場の者が何をすべきかと考えた時に，支援者側に生じるさまざまな「思い」に耳を傾け，一緒に対応を考えることだと思う。一人ひとりの子どもについて，またその子どもが属する集団について，視点の違う立場から話し合うことでみえてくるものがある。支援をただ義務として課す，あるいは未熟だと非難することは，支えにならないどころか，支援者の無力感を生んでしまう。子どもに対する悪感情や負の感情を育てることを防ぎ，保育士や教師がも

っている子どもへの愛情と情熱を持ち続けてもらうことを目的とする。そこに相談員が直接やりとりをすることの重要性があると思う。先生方の「育ちを支えたい」「導いてやりたい」といった「思い」を胸に染み込ませながら，子どもたちのための支援を共に考えていくのである。

　どんな子どもも，親や周囲の大人に認めて欲しいと思っている。子どもにとって認められる経験は，意欲や自信を育むものであり，「生きている価値」を保証するものである。子どもたちに，その保証が与えられるように，生きる自信とエネルギーをもってもらえるように，この事業が力になればと思う。A子のように自分の力を発揮して育つ姿や，子どもの思いの代弁者であって欲しいと願う親の言葉に，筆者もまた支えられている。

第24章
保育士・教員などの
スキルアップについて

岡田倫代

⇒保育士・教員などのスキルアップの実例の紹介と今後の課題を書いてください。

　多くの保育士・教員などの対象は子どもだけでなく，同じ職場の保育士同士，保護者との関わりが重要であると考える。しかし最近，保育士・教員のコミュニケーション能力の偏りや低さから，職場や保護者との人間関係，また保育士・教員自身のメンタルヘルスに影響を及ぼすことが懸念されている。その結果，幼少期に考慮しなければならない点を見逃してしまう危険性があげられ，一部の子どもにとっては，それがトラウマになり，その後の人間形成を左右してしまう危険性もはらんでいる。

　筆者は，発達障害児支援事業に携わるなかで，保育士・教員には多様なニーズを求める保護者が年々増え，ニーズの質も変化してきていることを実感している。特に保育所においては，平成20年の「保育所保育指針」の改定（告示）により「保護者に対する支援」が明記されたこともあり，それぞれの保育士の役割に保護者とのコミュニケーションは不可欠であることが指摘された。保護者のなかには，予想外の要求をしたり，明らかに支援が必要である場合も多い。保育士・教員ともに，保護者の気持ちを丁寧に聴きながら，声をかけ対応していると思われるが，双方の思いがすれ違うことがみられ，保護者に対してどのように支援すればよいのかが難しい場合がある。たとえば保育士・教員の個人的経験に基づいた思いや支援がバラバラでは，お互いの受け止め方が異なってくるであろうし，保護者の側も混乱する。

　そこで，保育士・教員のコミュニケーション能力を高め，保護者と共に，で

きるだけ早い段階で，ハイリスク児童の早期発見につなげ，一人ひとりが自己理解を深め，自信をもった大人に成長できるよう，将来を見据えた保育・教育を実施できる能力を養うことが重要となる。そのために，子ども及び保護者とのコミュニケーション能力を高められる研修講座の開発をしたので紹介する。

保育士（教員）のためのコミュニケーション能力養成講座について

【方法】保育現場において，子ども・同僚・保護者へのコミュニケーション技術向上の目標を作成するための基礎資料を作成した。基礎資料として，2014年3月及び4月に丸亀市内の公立保育所において，所属長の推薦に基づく子ども及び保護者対応に卓越した保育士12名を対象に，インタビュー調査を実施し，そのコンピテンシーを抽出した。インタビュー調査の内容は，子ども対応や保護者の子育て相談等（いじめ対応など含む）での活動内容であり，そのなかで，今までの経験のなかで「大変困った」と思うエピソード，またそれをどのようにして解決したか，実際に行ったことである。次に，今までの経験のなかで「これはうまくいった」と思うエピソード，またその理由と実際に行ったことである。

【結果】上記のインタビュー調査結果より，子ども・保護者対応に卓越した保育士に共通したコンピテンシー*として，「イニシアティブ」「対人関係理解」「関係性の構築」「柔軟性」の4つがあげられた。さらにそれに基づいて5つの知識と6つの行動があげられた（表24.1及び表24.2）。

また，それぞれの項目に対し，「保育所におけるコミュニケーション対応に必要な5つの知識（知識編）」では，各項目に対し，1～4（1あまり知らない，2少し知っている，3まあまあ知っている，4かなり知っている）からひとつだけ選ぶ方法とした。

保育所におけるコミュニケーション対応に必要な6つの行動（行動編）においては，レベル1～5（レベル1：受身の姿勢，レベル2：積極的な行動，レベル3：より積極的な行動，レベル4：さらに工夫がみられる積極的な行動，5：成

表24.1　保育所におけるコミュニケーション対応に必要な5つの知識（知識編）

①	思春期・青年期からみた幼少期
②	コミュニケーションとカウンセリング
③	子どもの基本的生活習慣
④	子どものメンタルヘルス
⑤	保育士の基本的姿勢と態度

表24.2　保育所におけるコミュニケーション対応に必要な6つの行動（行動編）

①	問題の発見に努める（情報収集）
②	話の聴き方に配慮する（対子ども）
③	話の聴き方に配慮する（対保護者）
④	連携，関係づくりの範囲を考える
⑤	創意工夫に努める
⑥	危機介入ができる

果がみられ，評価もできる究極に積極性の高い行動特性）に分け，受講前後で比較検討した。

　丸亀市立A保育所保育士（調理員を含む）40名を対象に，5日間12時間（知識5時間，演習6時間）の講座を実施した。受講前後における知識と行動については，統計パッケージSPSS 19.0 j for Windowsを用いてt検定を実施し，有意水準を5％とした。その結果，すべての項目に有意差が認められた（図24.1及び図24.2）。

　【考察】本研修を通じて，子ども・保護者対応に必要な保育士のコンピテンシーが明らかになり，本研修を受講した保育士のコンピテンシー向上につながったと考える。

　それぞれの講座では，効果的な話し合いの場（グループワーク）を設定することで，コミュニケーションの向上を目指した。その結果，最初は，「何を話したらいいのか」や「どう話したらいいのか」に焦点を当ててしまいがちなコミ

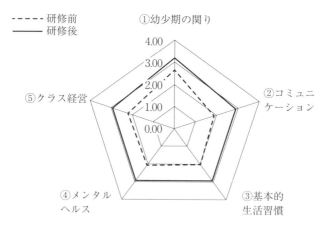

図 24.1　丸亀市立 A 保育所におけるコミュニケーション能力養成講座(知識編)前後の平均得点比較

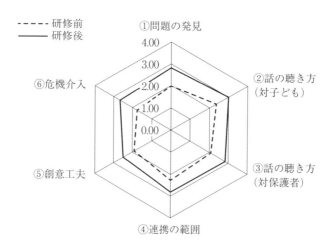

図 24.2　丸亀市立 A 保育所におけるコミュニケーション能力養成講座(行動編)前後の平均得点比較

ュニケーションが,「どう聴けばいいのか」に焦点があたり,相互理解が深まったと考える。相互理解をするためには,自己理解をする必要がある。保育士(調理員を含む)は,まず自分と静かに向き合うことで,ストレスがあるかないかなど,自分の思考や行動に思いを巡らすことで自己理解に努めた。次に相手に関心をもち,相手の話す言葉だけでなく,表情やしぐさにもアンテナを張り巡らし,相手の気持ちにチャンネルを合わせ,他者理解に努めた。そのステップを踏んで,多くの保育士(調理員を含む)が,知っていることや思っていることなど,さまざまな情報や気持ちを相手と交換しながら,「なるほど,そう思うんだ！」と,知識や経験を共有しお互いの関係性を深められたと考える。そして「これってどう思う？」と,新しい考えを生み出すための探求と発見のための話し合いが,お互いを受け止め合う時間になったのではないだろうか。コミュニケーションには,共感が不可欠である。

　今後は,さらに保育士の対保護者へのコミュニケーション能力を高め,保護者との人間関係を改善し,そのことで適切な保育のスキルアップができるようにサポートしていきたいと考えている。

　＊コンピテンシーとは,「ある職務または状況に対し,基準に照らして効果的あるいは卓越した業績を生む原因として関わっている個人の根源的特性」(Spencer & Spencer, 1993＝2001)とされている。

参考文献
Spencer, L. M. and Spencer, S. M (1993) *Competence at Work*, willy.（梅津祐良・成田攻・横山哲夫訳 (2001)『コンピテンシー・マネジメントの展開,生産性出版)

第25章
そして，子どもとつくる支援

あいざわいさお

⇒日本ではほとんど為されていない，主として学校における「問題」行動是正のためのプログラム的試みとして，子どもを含めた連携支援を事例的に紹介したい。

　どうしても子ども本人に約束して欲しいことがあり，保護者と担任との意見が一致している場合に，「本人―担任―保護者―相談員」という図あるいはこの図の変形で用いている，十数年来のやり方がある。元より，子どもと相談員との関係ができていなければならないから，ラポートとよばれる状況判断はしている。たとえば，学校で友だちに頻回に衝動的に放言をしてしまう児童に対する支援を考えてみよう。

1. 手続き

(1) 担任と保護者と相談員で

　医師は AD/HD（注意欠陥／多動性障害）だと診断している。就学前から保育所でやはり同様の問題行動があり，何度も保育士とも相談し，受診した方がいいだろうとのことで同行した。すると，この診断名がついた。薬を飲むように勧められたが，保護者はどうしても踏ん切りがつかない。

　こういう親子の場合，時に学校は途方に暮れる。「薬さえ飲んでくれれば」という気持ちはわからなくもないが，やはり誤りだ。子どもが独りでにそういう問題を起こし続けているとの見方も偏っているし，薬物療法が不奏功の場合の責任を学校は取れない。多くの場合，たとえば，メチルフェニデートを服用すると行動改善につながることが知られているから，教員の口から「コンサー

タ®を飲ませてもらえると助かる」と相談員に奇妙な依頼がなされることもある。多くの場合うまくいくのは医師が見立て処方しているからであって，教員が「治療計画」の主体になることは許されないし，保護者や本人の，服用についての感情について無頓着であり，薬物についての無理解，副反応についての無理解，さらに，保護者による反問への応答力のなさは仕方のないことではあるが，その状態で「飲め飲め」というのはやはり間違っている。

　薬を飲むか飲まないかは医師とやり取りすればいいことである。ただし，服用して効果があったか否かは教員としてその情報提供をしてもらえばいい。その後教員は医師の評価を知ればいい。学校でやらねばならないことは他にもっとあるし，どうすればいいかという工夫は，教員と保護者との知恵の出し合い，つまり，両者の想像力の産物だと思う。相談員やスクールカウンセラー(SC)などがそこへ加わるのもよいとも思う。

　こういうときに，私はひとつ提案をすることがある。担任と保護者の2人にタッグを組んでもらう。提案はこうだ。

　「○○君は頻繁に衝動的に放言してしまいます。それを先生とお母さんと○○君の3人で相談して，放言しそうになったら，コントロールするように努力してみる。これを○○君も同席して目標にしてみるというのはいかがでしょう」

　この提案が拒まれたためしはない。むしろ，「そんな」ことでよくなるのなら，是非ともやってみたいと思ってもらえることが多い。こちらからすると，「そんなこと」ではなく，かなり「高度」な話ではあるのだが，2人の大人が前向きになる姿には勇気づけられ，こちらの動機づけも高まるというものだ。

(2)　子どもを呼び入れて

　次に，子どもを部屋に連れて来てもらう。子どもとは私も会って話は事前にしておく(大抵は人懐っこく，「私たちが忘れてきた時代を生きている」ような

子どもが多い。ある種の発達障害の特性や行動はこう表現するとわかりやすい。また，むしろ，受容的に子どもたちをとらえる見方や余地を提供してくれる)。

相談員である私から，○○君に「お母さん，そして，担任の○○先生と，さっきから相談してたんだ。それでね，○○君の意見や気持ちもぜひ聞いておきたいと思って，ここへきてもらったんだ」と伝える。大抵は個別の呼び出しは「否定的な印象」を抱かせてしまい，緊張している。だから，ほぼこの一言で緊張が解ける。

行動の主体は誰か。子ども自身である。迷惑を掛けてしまった事例の多くは，謝罪・反省という態度(行動)がないと許されない。社会の仕組みが謝罪と反省を要求するから，それを学習するという点からは正しい。しかし，行動主体は謝るということは学習すれども，その「困った」行動をどう修正していいのかがわからないでいる。それをこれから，この席で目標にしようというわけである。

「○○君はどうしてもいいたくなっちゃってそれに気づいたときにはいっちゃってるんだよね」というと，頷く子どもばかりだ。「辛いことだよね。いっちゃってから，『あっ，しまった』と思うんだよね。でも，この間話したように，言い出す瞬間，ほら君の言葉でいうと，スイッチが入っちゃう瞬間に何ともいえないものを感じるんだよね。その感じがあったときに『ストップ』ってできるといいよね。それを今日からの目標にしようよ。いい？」

子どもがこれで納得すれば(拒否されたことはないが)，次の段階に入ることになる。

(3) ノートの「渡し役」

お母さんにはノートを1冊用意してもらう。子どものためのノートだから学校には甘えない。そして，そのノートに「日付」「先生の評価」「簡単なコメント」を書いてくれるように担任に伝える(個別支援のある場合はその先生ということもある)。担任と保護者には概要を伝えてあるから，疑問はない。そして，

目標をひとつ設定する。この子の場合は，放言の「スイッチが入った瞬間にストップする」ことだ。

　子どもは「見られたい」存在でもある。特にこの傾向にある子どもたちの多くは担任などの関心・注目が欲しい。子どもにとってはこの約束は担任にみてもらえるという約束でもある（が，このことは子どもにはいわない）。そして時間のあるときに，「ストップ」できたという自己申告を担任は受け止める。そして，放課後子どもにノートを渡す。ノートはオープンだ。子どもがそのノートをみることも計画のうちである。子どもにとって，担任と母親とのノートを渡す役目は割とワクワクするらしい。

　これから先は記す必要はないだろう。ぜひ試してみていただきたい。

2．子どもと一緒につくる

　世の中にノウハウ，ハウツーを記した本やムックは実に多い。お弁当レシピから気に入られるデートコースまでさまざまなニーズがあるのだろう。商売になるというわけだ。発達障害や特別支援教育に関しても無数と表現してよい程の数が出回っている。そして，残念なことだが，ほとんどが二番煎じだ。剽窃とまではいわないが，既刊文献のいいとこ取りのカットアンドペーストを名の売れた先生がしていることさえある。最近は塾形式で発達障害の療育と称して勧誘するものまである。大学出たてのアルバイトが対応する。「お母さん，早くしないと大変なことになる」。困ったことだ。

　私がここで伝えた方法は確かにハウツーに向くかもしれない。しかし，発想の原点は，子どもと一緒につくるべきだという考え方にある。子どもの知らないところで相談することは，それはあってもいいが，子どもの行動を修正したいのなら，子どもにも許諾を取り付けるべきであるし，何より，行動主体の子どもがその気になって，「ぼくだってできる」「わたしも大丈夫」という感覚をぜひ味わって欲しいではないか。私たちの支援は子どもの笑顔と，自信をえた顔という宝物で報われる。大人になるとき，きっとそのことは人生の力になる

と確信する。

　問題行動修正の方策だから，ではない。子どもと一緒に，である。集団という場で問題をおこすと，排斥されがちになる。ひとりで野山を駆け巡っているわけではない，とある人は表現する。それは叱責の意味だろうが，違う。集団という場が彼／彼女に働きかけている側面もある。「だって，○○君がすぐに勝手なことをいうから」のレベルに教員はあってはならない。これは排斥の力だ。教員はその子に寄り添って何ができるか。「一緒に」という発想の転換は学級という「社会」を改革する力だと教員なら知っているはずだ。それを今回支援という側面で捉え直しただけである。

　ハウツーにすると，無数のハウツーが要る。一緒に，という考えは，無数の支援のカタチを産み出してくれる。

終章
場という支援：利用者（主として保護者）とNPOスタッフのコメント

あいざわいさお

　これまで相談員などによる，さまざまな観点からの文章を読んでいただいた。本書は章としてはこの終章を以って締めくくりになる。保護者とNPOスタッフに本事業についてのコメントを出版企画の折に求めた。皆快諾してくださり，多くの原稿が寄せられた。私は当初少し狭い考えで，保護者やスタッフのコメントを「資料」的に考えていた。原稿を読むと，かれらの原稿を材料にして，私が何かをいうことの自分の尊大さに気づかされた。ここでは，大きな反省を籠めて，それぞれのコメントを（紙幅の関係で改行などの校正はしたが）ほぼそのまま掲載することに決めた。

　本来は，コメントしてくださった方々の名をあげるべきだが，さまざまな制約や本人たちの意向に沿い，ここでは単にアルファベット表記とする。よくあるような，日本語的な仮名で「鈴木花子」でもよかったが，別名でよぶ無礼を嫌った。

　なお，「ほっぺ」「すきっぷ」とニックネームでよんでいる事業項目については，第1部をご覧いただきたい。ここでは，邪魔な解説をせずに保護者の生の声を届けたい。ただ，一言だけ付け加えたいことは，こうした親御さんやスタッフの声を耳にして，裏切れないな，という思いを素直に抱いている。これまでにも増して，より誠意をもって実務に当たりたい。

1.「ほっぺ」と「すきっぷ」

保護者Aさん

　私がすきっぷ・ほっぺに参加するようになって10年近く経ちますが，これ

まで何か悩みがある度に相談しながら何とか乗り切ってこられました。
　すきっぷでは，相談員の先生に悩みに対してどのように対応していくのがいいのか丁寧にアドバイスしてもらえ，先生の言葉で不安感が小さくなりました。また年上の子どもさんの話を聞けることで，先の見通しができることもよかったです。これからおこるかもしれない問題を知ることができ，ある程度心構えや準備ができました。
　それでも，自分の子どもが学校に行けなくなりそうになった時はとても落ち込みましたが，そんな時もほっぺで話すことで，少し気持ちが楽になったり，気持ちの整理ができて方向性がみえてきたりしました。ほっぺでは，子どもの状況や親の気持ちをリラックスして話せます。
　ほっぺ・すきっぷで，相談員の先生方やスタッフの方，同じ立場のお母さん方と出会えたこともよかったと思います。この先，進学や就職をしても心配はつきないと思いますが……この場があることで「何とかなる」と思え，心強いです。
　私にとってはなくてはならない場所です。

保護者Bさん
　発達障害という個性をもつ子どもを育てるということは，それがみえないからこそ，苦しく感じたり，対応の仕方に不安を抱いたりして，子育てに自信をなくしてしまいます。そんな時にほっぺで，親自身が感じている想いを聞いてもらったり，不安になっている気持ちを受け止めてもらえたりしています。また，医学や専門的な分野からの見解も踏まえて，困った時の対応の仕方を一緒に考えてもらえる先生方がいる，すきっぷはとても充実した時間になっています。
　ほんの少し支えてくれる人がいるだけで，一歩を踏み出す勇気が出たり，寄り添ってくれる人がいるだけで「私はひとりぼっちじゃないらしい」ってことがわかってホッとしたりもします。

そんななかである日ふっと思いました。

「周りをうまく巻き込むことは，私たち親子が生きていくためのひとつの術」だと。その術に，この場所はなってくれていることに感謝しています。また，ほっぺでは，四方山話のなかに大切な情報が含まれていたり，この場でしか味わえない時間の「濃さ」が，心の奥にあるしんどさを吐き出す後押しをしてくれたりします。

正解の子育てをみつけようと必死だった日々も，今振り返るとそれぞれが正解で，正解がみつからない時はそれもまた正解だったりするのかもしれません。そう思えるように，ほんのわずかだったが気持ちが変化しつつあるのはこの場があるからだと思います。

今後もこの場を，生きていく術として活用していきたいと思っています。

<u>保護者Ｃさん</u>

私は4年前から利用しています。

きっかけは子どものことですごく悩んでいて，市役所の福祉課で教えていただきました。子どものこと，学校のこと，家のこと，悩んでいるすべてをお話しすることができました。

すきっぷ・ほっぺを利用して，先生のお話やアドバイスをいただき，本も借りて自分なりに勉強してきました。今思うことは，子どもを褒める，叱らない，個性をみつけよいところを伸ばすなど，私はすぐに実行し，一回でも叱る回数が減るように努力してきました。私が変わると，子どももずいぶん落ち着いてきました。

ほっぺ・すきっぷに参加して，いろいろなお話を聞くと，頑張ろうと思えるし，視野も広くなります。アドバイスをいただき勉強になっています。私ひとりだけではないと勇気が出ます。明日も頑張ろうと思う気持ちになります。でも，頑張りすぎないように心掛けつつ，子どものつまずきが少しでも減っていけば嬉しいと思っています。

スタッフAさん
　子育ては正解がわからない不安の多いものだと思います。
　そのうえで，子どもの障害とも向き合い一生懸命育てている保護者に「お母さん，よくやってる。」と，メッセージを送るひとりでいたいと思っています。
　すきっぷやほっぺは，発達障害の子どもをもつ親同志だからこそ，わかりあえる気持ち（苦しみ，悲しみ，嬉しさ，感動など）を共感し合える貴重な場です。
　子どものちょっとした成長や嬉しかったことを，互いに喜びあったり，困っていることを共感し合い話せる場でありたいと思っています。
　自分と同じように，日々悩みながら頑張っている人がいること。その姿に自分も頑張ろうと思える。自分だけじゃないと孤独から解放されたという声をよく聞きます。
　自分の子どもより大きい子の保護者の話を聞き子育ての経験がある母親の立場で「子どもに添って遊ぶ」ことが大切なことや，違う悩みを聞くことでも，将来へむけて準備や心づもりができ，いろんな引出しをもつことができる。専門家や保護者同士の情報や経験から，自分の知らない情報が手に入るということもいいところだと思います。
　そして，すきっぷやほっぺは，成功したこと，子育ての経験がある母親の立場で「子どもに添って遊ぶ」ことがうまくいかなかったこと，どちらも共有し，活かしていける場です。どんな時も足を運んできて欲しいと思っています。

スタッフBさん（「ほっぺ」）
・想いを心おきなく吐き出すことができる場
・感情を抑えることなく泣ける場
・それらをあたたかく受け止めてもらえる場
・子育てのしんどさ，うまくいかなさを抱きつつも何とか踏ん張っている親同士。だからこそわかりあえる場
それが「ほっぺ」だと思います。

スタッフCさん（「すきっぷ」）

- 子育てのしんどさ，うまくいかなさに戸惑い立ち止まる親におくられるあたたかなひとすじの光……専門家の先生からのアドバイスを私はそんなふうにとらえています。
- ひとりで必死に踏ん張っていた親同士が出会う場
- 想いを共有するあたたかな空気が流れる場
- 学び，備える場
- 前に進むエネルギーをもらえる場

それが「すきっぷ」だと思います。

スタッフDさん

　すきっぷやほっぺがあって，個別相談やはぐみくらぶがよりうまく使えると自負しています。発達障害の子を成人するまで育てるというのは想像以上に難しいことです。途中息切れしたり，止まってしまったりすることは度々あります。

　そんな時，ほっぺにきて率直に話したり，すきっぷで他の保護者の悩みを聞くことによって，共感したり，自分の悩みに頷いてもらうだけでずいぶん気持ちが楽になって，息切れが解消され，子どもとともに動いて行こうというエネルギーがたまってきます。

　仕事の合間を利用したり，貴重な休日を利用したりして，ほっぺやすきっぷを訪ねてきている保護者の方は，個別相談の短い時間を上手に使い，「子どもにとって今必要なことは何か」という相談をされているように思います。スタッフとして保護者の話を聞けるのは「専門家の先生に具体的に聞いてみたらいいよ」という安心感があるからです。

　専門家の先生がおられるのはありがたいことです。負っている荷物の重さは同じでも，ほっぺ，すきっぷにきたことによって少し荷物が軽くなったように感じて帰宅していただけたらいいということを目標にして運営してきました。

社会に出ると，福祉資源はあまり使えず，家族が子を支えるしかないという今の状況を考えると，子どもが学校を出るまでに，親がスペシャリストになっているというのが望ましいと思います。

そのためにほっぺやすきっぷを活用し，同じように奮闘している親子と出会い，励まし合っていただきたいです。

スタッフEさん（すきっぷ・ほっぺ）

すきっぷ・ほっぺのスタッフは，自身も保護者の立場でもあります。「やっと話せる人がいた」「本当にわかって欲しいことをわかってくれた」と，参加した保護者の方はいいます。初めて来られた人は，泣かれることも多いです。

発達障害の保護者の悩みを短くいうと，たとえば「キョロキョロする」「友だちと喧嘩が絶えない」などの子育てにはよくある悩みの一言になります。「男の子はそんなもの」「うちの子どももやんちゃだよ」などの励ましの言葉に，保護者の孤独感は増していきます。その背景にある"発達障害"を理解し，その子育ての難しさも，わが子へのいろんな感情も味わっている人の共感に，保護者の心の緊張がほどけるのだと思います。

本当の気持ちが話せることは大きな一歩につながります。

ほっぺやすきっぷが，保護者にとってあたたかい場所であるようにということがひとつの思いです。そして，保護者が学んだり，専門的な視点を取り入れながら「子どもを理解し，そのために何ができるか」を掴んでいける場でもあるようにというのがもうひとつの思いです。保護者に寄り添い，専門的な視点もあり，心と行動の両面を支えていくことができるのが，この事業の強みでもあり，子どもにとっては特に大事になります。

すきっぷは，専門的なアドバイスと，いろんな保護者の相談や選択を側で感じることのできる場です。事業の一つひとつに得るものがあります。ほっぺやすきっぷから，個別相談につながる時，子どもの通っている学校の巡回カウンセリングを担当している相談員にお願いするようにもしています。子どもや保

護者にとって有効に活用してもらえるように，親同士，専門家，子どもと関わる担当課や機関と，最大限つながり，幅広い機会を活用してもらうことができればと思っています。

時には落ち込み，泣きながらも進んでいく保護者の方の力強さは愛としかいいようがありません。その姿に私たちは支えられています。そしてこの事業は，専門家と行政，関係機関，NPOが連携して実施しています。形式だけはないと実感しています。

何よりも「子どもや保護者にとってどうか」という大事な視点からぶれない方たちが力を合わせています。逆に，そこからずれると一緒に力を合わせることはできなくなる気がします。そんな輪のなかで，常にその視点に立ち，私たちNPOも自分たちを振り返りながら，こども未来部分室という拠点からみえる課題や現状を，まっすぐにみて，行動していくことを忘れてはいけないと思っています。

2.「はぐみくらぶ」

Gさん（母）
　はぐみは，子どももですが，それ以上に自分にとって，とてもありがたい場所でした。
(1)母自身にとって
①相談できる場所ができたこと
　はぐみに行きはじめた時は，子どもが自閉症じゃないかと，確信に近い疑いをもちながらも，まだ病院を受診していない時で，すごく不安な時期でした。なので，困ったことや，わからないことを，先生やスタッフの方に，相談できて，とても助かりました。
②親も子も過ごしやすいこと
　近所の子育て支援センターなどに行っていたが，多動がひどかったり，言い聞かせができなかったりしていて，周りから浮いてしまい，ちょっと居づらい

などあったが,「はぐみ」は,こういう子だとわかってくれているので,安心して過ごせた(スタッフの方が,優しいのはもちろん,他のお母さんも,同じような悩みをもつお母さんだから,子供が愚図っても,ちょっと迷惑をかけても,許し合える雰囲気だった)。

私にとって,はぐみは,子どものために動いた最初の一歩で,少し自信がもてて,その後の病院の受診や,児童デイに行かせたりなどにつながったと思います。

(2)子どもにとって

①親以外の大人にじっくり関わってもらえたこと

子どもひとりに大人ひとりがついててくれるというのは,はじめてで,しかもやりたいことを自由に,やらせてくれるので,とても楽しそうだった。

その後,児童デイに行きはじめるが,はぐみに行っていたおかげで,スムーズに行けた(デイでの,最初の目標は,1対1のコミュニケーションがとれるようになることといわれた)。

②親が子どもからみえるけど,少し離れた所にいることで,子どもが,ままごとやブロックなどで,何かをつくって,それを親に自慢気にみせにくる姿がみられた。

(普段は,親が一緒につくるか,自分でつくるかなので,スタッフの人に手伝ってもらってつくると,ひとりの時よりすごいのができて,それを親にみせて褒めてもらって,大満足という感じ)

<u>Hさん(母)</u>

子どもが発達障害かもしれないと思い始めた時,市の相談窓口が「はぐみくらぶ」を紹介してくれたのが始まりでした。

行ってみると,まず少人数なので,初めての場所でも,子どもがすんなり入ることができました。

大きな集団で一斉に同じ遊びをするのはまだ難しい段階でしたので,子ども

のペースでスタートできる形はよかったです。

　最初は，いろいろなおもちゃに興奮気味でしたが，スタッフの方に誘ってもらって徐々にお気に入りのおもちゃでじっくり遊べるようになりました。

　他の子と一緒に遊べなくても，その存在を意識しながら同じ空間にいることから少しずつ慣れていったように思います。

　その間に，親は生活のなかで気になることを専門家に相談したり，就園についての疑問をスタッフの方に質問したり，また親同士で情報交換したりして，必要な知識を増やすこともできました。

　その後，医師の診断をうけ，児童デイサービスにも通い始めました。

　就園にあたっても，自分たちなりにいろいろ考えたうえで，うちの子に合った選択ができたと思っています。

　子どもの育ちに不安を感じながらも親としてまず何をすればいいかまったくわからなかった時に，はぐみくらぶに出会えて本当によかったと感じています。

スタッフGさん

　はぐみくらぶでは，専門家の先生のアドバイスを聞いたり，お母さん同士がお話をしていくなかで，お母さんもたくさん勉強されます。

　初めは不安いっぱいでこられますが，回数を重ねるうちに，お母さんが子どもさんのためにできることを考え，実行されていると感じます。

　集団生活が始まる前に，はぐみくらぶのような場所があることで，集団生活が始まった時に，よりスムーズにスタートできているのではないかと思います。

　はぐみくらぶには，「ことばが出ない」「視線が合いにくい」「やりとりができにくい」など，子どもの発達に不安をもち，専門家との面談を経て親子で来られます。

　最大4組までの小さな場です。スタッフが子どもひとりにひとり，遊びに添いながら過ごします。保護者はそれを見守りながら，専門家に質問したり，保護者同士が話したり，情報交換したりしています。

就園前には，保健師や保育士，幼稚園教諭に就園前の悩みなど聞く機会もあります。そして，入園先の巡回カウンセリングの担当相談員との個別相談も実施してつなぎます。
　私たちNPOは，保護者の話を聞くことと，保護者のペースを大切にしています。そんななか，回を重ねるごとの保護者の変化には，子どもへの愛情の深さ，親という偉大さを感じずにはいられません。私たちの喜びや励みになる位，子どもたちの成長は大きいのですが，それは，そんな保護者の努力のもと，成長していっているのだと感じます。
　入園後何カ月かたって，はぐみくらぶに来ていた人の同窓会的な相談会を実施しています。その時のお母さんたちのお話や相談を聞いていると，いろいろ対応することがあっても整理していく心構えがあり，先のことも見据えていく準備があります。集団生活が始まる前，少し早い時期に，お母さんの不安に寄り添いながらの支援の場があるということは大切だと感じています。
　診断がつかない年齢の子どもではあるけれど，保護者が何らかの心配や気づきがある場合，親だからこその不安というきっかけを大切にして，慌てず，でも見過ごさずに，専門家や保護者同士，いろんな人が関わっていくことは，子どもにとって大きいと感じています。

スタッフHさん
　子育ての経験がある母親の立場で「子どもに添って遊ぶ」ことを大切に子どもと関わっています。まだことばが出ていない時には，スタッフが一つひとつの動作や気持ちをことばにして話しかけながら遊んでいます。遊びが次々と替っていく時には，後からついて関わり，子どもの世界に入っていきます。一時間ほどの「はぐみくらぶ」を終えた後，「あの時のあの関わり方はよかったのか？どうすべきだったか？」など，親子を見送った後に，先生とスタッフで振り返りをするのも大事な時間です。
　親子が「はぐみくらぶ」にきてから，保育所・幼稚園へと巣立っていくまで

長くて1年半ほど短くて半年ほどです。その間，笑顔が出る，あいさつができる，遊びが長く続くようになる，やりとりができる，ことばが増える等々の確実な成長をみてきました。子どもの変化はもちろんのこと，それを見守る親の嬉しそうな様子は，私たちの喜びであり，エネルギーです。

　私自身たまたま同じ気がかりを抱えながら子育てをしてきたスタッフとして思うことがあります。子どもが幼かった頃を振り返り，「もっともっと添って時間を過ごしたらよかった。そうしていたら後の成長につながったのではないか」と少々悔いることがあります。ただ，その時必死であったことは事実で自分なりに精一杯でした。「はぐみくらぶ」に来ている保護者の方も，そのような状況がないとはいえないのではというのが私の思いです。「はぐみくらぶ」の1時間は短いけれど，最大限「添う」ことが，子どもにも親にも貴重な時間になるのではと思い，「はぐみくらぶ」の時間を大切に過ごしています。

キーセンテンス集

　ある臨床家が書き留めたこと，何気なく語ったことに，私たちは謙虚で注意深くそして愛情深くなくてはならない。そこに優れた発見や別の視角からみた気づきがあるからである。

　面接場面で，時に困った時，私は彼／彼女ならこんな時どう切り抜けるだろうかと何度となく想像してきた。それは彼／彼女が臨床家として示唆に富む気づきを提供してくれる存在だからである。彼／彼女自身は，そんなつもりはなく単に話を愉しんでいたに過ぎないけれど，じつに，そのような「会話」は時間とともに熟成して臨床への深い示唆を与えるものである。

　さて，本に「用語集」を付す試みは多くの研究者が行っている。今回久しぶりに一冊の本を皆でつくる仕事を通じて，当初一般読者向けに「用語解説」が必要だと思っていた。もちろん，それはそれでいいのだが，一緒に汗を流している仲間のうち，相談員たちの文章を読み，編集を進める，貴重な時間のなかで，用語解説ではなく，相談員が呼吸するように執筆している内容を，私という一読者のセンスを通じて抽出してみたくなった。

　これは新たな試みである。仕上げつつ，読者の多くはこの部分を読んでくださるに違いないとの確信がえられるようになった。すなわち，研究者や臨床家たちが自分の仕事を文字でまとめる営為から，本人たちも気づかないような「発見」を編者の役得としてまとめてみたというわけだ。これにはかなりの時間と労力が必要だったが，どうして新しくて楽しい仕事をして，やはり得した気分である。

　なお，KJ法的にカテゴリに分けて，載せようと思い，作業を完遂してみると，カテゴリ自体が接近していたり相互補完的であったりとカテゴライズで逆に不便なことになった。そこで，50音順とした。執筆者の句と文を抽出したので，そこに含まれる，最初にあらわれるキーワードの頭の音を採った。本来は各執筆者でまとめる方法もあったろうが，読者には執筆者への興味をではなく，内容にこそ目を向けて欲しいと思ったからである。また，用語解説を今回は止めておくことにした。途中まで，解説と

私のコメントをまとめてはみたものの，私の感想の押し付けになると自戒した（また，当然だが，私自身の原稿からは抽出していない）。

ASD：Autistic Spectrum Disorders　ASDの特性(熊谷，第17章)
ASD：定型的な子どもは，一つひとつ教えられなくても，大人の対応をみることや少しの経験から応用的に理解する。ASDにとっては，この応用的に理解することが難しい。(熊谷，第17章)
DSM：Diagnostic and Statistical Manual of Mental Disorders　精神疾患の診断・統計マニュアル：APA(松浦，第14章)
good enough：（ウィニコットは）よい母親とはgood enough（ほどほどによい）である。(樽本，第18章)
Iメッセージ：叱責ではなく，「あなたは，そう感じたんだよね。私はこんなふうに感じたよ」とIメッセージを伝え肯定的態度を示す方がよい。(樽本，第18章)
ICD：International Classification of Diseases　国際疾病分類：WHO(松浦，第14章)
SC：周囲の理解と関係作りを経て，SCとしての機能がうまく果たせるようになるまでに数年の時間がかかることもあった。(入江，第13章)

（あ）
愛着関係：乳幼児期に，特定の大人との間に安定した愛着関係が築かれることは，その子どもの発達全般の支柱となる重要な事柄である。(熊谷，第9章)
愛着形成：信頼の基盤である愛着形成が不十分なまま児童期を迎えた。(樽本，第18章)
愛着と自律：思春期は愛着と自律の移行期である。(樽本，第19章)
ある日：小学校3年生になったある日，「保育所で，給食を食べ終わるのが遅くなって引っ越し（席を移動）するのが辛かった」「2歳くらいによく着ていた茶色のトレーナーが大嫌いだった」，突然そんなことを言い出した。当時は，そんなことは何ひとつ口にしなかったのに…(熊谷，第23章)

怒り：上手くいかないことへの怒りが自傷行為や他罰的な言動になってしまう。(樽本, 第19章)

怒り：子どもの心に生じた「怒り」は，子ども自身を罰し，外界にも攻撃を向けさせる。(熊谷, 第23章)

育児：育児についていろいろ心配なことがある。(岡田, 第20章)

イメージ：「勝つ＝よいこと」というイメージをもちやすい。(熊谷, 第9章)

意見交換：率直な意見交換が行える関係(小川, 第5章)

居場所：そこが「居場所」と思えるようになるには，自分を理解してくれる人の存在が不可欠である。(熊谷, 第23章)

苛立つ：子どもが可愛くないから苛立つのではない…思うように育ってくれないことへの苛立ちや，他の子どもとは違うことへの不安や焦り，自分を責める気持ちに母親自身が追い込まれているようにみえた。(熊谷, 第9章)

違和感：自分は周囲とは何かが違う，何かが変だというような，何となくの違和感(岡田, 第16章)

運転免許：危機場面や強いストレスをうけて精神的に追い込まれた状況下での行動は，その人固有の行動パターンを知るうえで重要である。経験的に少年非行では，金銭管理と車の運転免許が直接的な動機になりやすい。(廣田, 第15章)

園と母親とで協議：個別相談終了後に，園と母親と相談員(筆者)とで協議をし，その園児が座る位置を後方の端に移し，必要があれば席をはずすことを容認するような対応を取ってもらうように園に提案した。(大木, 第11章)

大人側の余裕：非行からの回復には5年，10年単位で見守る大人側の余裕が望まれる。(廣田, 第15章)

親：子どもの育ちを支える主役はやはり親である。(熊谷, 第9章)

親指導：環境の調整でもっとも大切なことは親指導である。(松浦, 第14章)

（か）

快挙：ただ，卒園式当日は，園児はリタイアすることなく最後まで式に参加するという快挙をやってのけたのであった。母親も感激し，式終了後に担任の先生と抱き合

って喜んだ(大木，第11章)

介入：「こうして欲しい」という保育者の願いが強ければ強いほど，介入を拒む保護者には，受け入れ難いものになる。(樽本，第22章)

顔を合わせて話す：各公的機関はデスクワークと縦割り行政からの脱却を目指し，日常的にお互いが足を運び，顔を合わせて話すことが求められている。(廣田，第15章)

(事業の)核：これほどまでにコンサルテーションが明確に効果をあげる事例は，そう多くあるものではない。しかし，コンサルテーションはこの事業の核をなす部分であり，われわれ相談員は少しでもその質を高め，成果をもたらすように努めていかなければならないと考えている。そのポイントは，いかにコンサルテーションの対象者の不安やストレスを和らげ，少しでも自信めいたものをもってもらうかである。(大木，第11章)

家庭：子どもを介してみえる家庭の様子(熊谷，第9章)

環境：(支援)子どもを取り巻く環境が変わっても引き継がれていくものであってほしい。(樽本，第19章)

感覚過敏　(熊谷，第9章)

感情的：つい感情的に接してしまう。(岡田，第20章)

感情の交流：子どもとの間で感情の交流がなされることが重要である。(熊谷，第17章)

感情をあらわす言語：感情をあらわす言語の獲得もできていなかった。(樽本，第18章)

傷つきやすい：理解や思考がバラエティーに富んでいる発達障害をもっている子どもの場合，もっていない子どもに比べて，ずっと傷つきやすい特徴がみられる。(岡田，第16章)

気づかれにくい：学級活動の妨げになることが少ないため，気づかれにくく，支援が後回しになりやすい。(熊谷，第17章)

虐待：親が子どもの課題や問題点を理解していない場合，子どもの不可思議な行動にイライラして暴力などの虐待が生じやすくなる。(廣田，第15章)

教育心理学：「発達」「学習」「人格(適応)」「評価」という，いわゆる教育心理学の4本柱というシステムとその内容が伝えられた。(大木，第6章)

教員：教員の不安や戸惑い(小川，第5章)

教員自身の問題：SC との面接理由は児童への対応方法であっても，実際に話を聞いていると教員自身の問題の相談であることも多い。(入江，第 13 章)

共有：情報を共有し合う体制を整える。(小川，第 5 章)

今日の一日：今日の一日が，その子どもの明日以降に影響する。(熊谷，第 9 章)

啓蒙的あるいは指示的なコンサルテーション：1 年目の巡回カウンセリングではコンサルテーションの際に，「発達障害」の症状や行動傾向についての説明をする時間を多く必要とした。したがって，啓蒙的あるいは指示的なコンサルテーションになっていたという印象がある。(大木，第 11 章)

言語化：子どもたちの抱く「思い」はすべて言語化されるものではない。(熊谷，第 23 章)

行動観察：行動観察で得た子どもの印象と，保育者からの情報とが合わさってはじめて，生き生きとした子どもの姿がみえてくる。(熊谷，第 9 章)

広汎性発達障害：広汎性発達障害の特性を改善する薬は現在のところ認可はされておらず今後の研究，開発が期待される。(松浦，第 14 章)

交流学級　(樽本，第 18 章)

個人記録票：保育所での巡回カウンセリングの場合，対象児の個人記録票が必ず子育て支援課を経由して巡回員に送られてくる。(大木，第 10 章)

個性：その個性に合わせたコンサルテーションをするようにも心がけている。(大木，第 10 章)

こだわり行動：一見こだわり行動の重症化のようなエピソードを聞くことがある。(樽本，第 18 章)

言葉：「がんばろうと思うのに，気づいたら騒いでしまっている」「最後までやろうと思うのに，気づいたら時間が経ってしまっている」——これは，AD/HD と診断された子どもたちの実際の言葉である。(熊谷，第 17 章)

困り感：保護者の困り感を共有するようにする。そして困り感から保護者の気づきを促し，その気づきを解釈し，寄り添い，伴走者となるよう心がけている。(岡田，第 20 章)

コンサータ®：メチルフェニデート(コンサータ®)(岡田，第 16 章)

コントロールする力：「自分の行動をコントロールする力」を身につけるための援助（熊谷，第17章）

コントロール力：「今は何をする時か」といった言葉をかけたくなる。何度も同じことをいっているのだからわかるはず，自分で気づいて直して欲しい，本人の自立心を促したい。そんな思いが背景にある。しかし，「自己コントロール力」という視点でいえば，これらの問いかけはあまり有効とはいえない。（熊谷，第17章）

（さ）

財政：財政的に厳しく軒並み予算の引き締めが行われるなか，これほどの増額が認められたのは，首長部局の理解，そして議員・議会の強い後押しがあったからだ。（小川，第5章）

幸せな生活：過剰診断となっても子どもの快適な，幸せな生活につなげていくことができれば悪いことではないと思われる。診断がつくことで教育と医療の連携につなげていくこともできる。（松浦，第14章）

支援：今どんな支援を必要とするのか（熊谷，第9章）

支援：子どもの10年後，15年後を見越して，今大切となる支援を考える視点（熊谷，第9章）

時間：成長を感じられるまでに時間を要するものもあり，すぐに結果のみえない対応は，時に保育者の熱意と意欲を奪うこともある。（熊谷，第9章）

時間が長くなる：2つの特徴は，どうしてもコンサルテーションに要する時間が長くなるという結果をもたらすのである。（大木，第10章）

資格：実践的な職業として心理学に関わる人たちが徐々に増えていった。そのような人たちのために，資格を整備しようという動きが始まった。（大木，第6章）

自己感覚：自己感覚や自己概念をしっかり形成するためには，大人が鏡になり，「あなたは，どう思うの？　どんなふうに感じたの？」と問い返し，「あなたは，……だと思ったんやね」と映し返すようなイメージで思いを整理してあげたい。（樽本，第19章）

支持的精神療法：支持的精神療法やソーシャルスキルトレーニング（松浦，第14章）

児童理解：自身の児童理解や学級経営に活かせる汎用性(小川，第5章)

思春期：思春期とひとくくりにはできない。"puberty"と"adolescence"と捉え方はさまざまであり，11歳と17歳とでは心理的には大きく異なっており，さらに個人差も大きい。(岡田，第16章)

シミュレーション：靴箱や座席の位置，入学式の入退場の仕方のシミュレーション(岡田，第20章)

社会的スキル：再非行防止のためには，「借用行動のエラー」として人のものを借りるときの社会的なスキルを教えることが必要である。(廣田，第15章)

社会のルール：車の免許は最初に出会う社会のルール(廣田，第15章)

社会のルールを守る：免許を取得することは社会のルールを守る第一歩となり，その後の人生にプラスに作用することを事例は教えてくれる。(廣田，第15章)

週1回4〜8時間：さまざまなケースに対応していくには週1回4〜8時間では時間が足りない。(入江，第13章)

充実感：保育士の真摯な姿勢で数多く発せられる質問に対して答えているうちに，いつの間にか時間が経っているという感じなのである。しかも，その受け答えが巡回員にとって楽しいというか心地よいものすら感じるのである。それは，充実感ともいえるものかもしれないのである。(大木，第10章)

修正：あるいは少し時間が経って行動を修正することができる場合もある。(熊谷，第17章)

受診：保護者が受診を考えるなど専門機関につながる必要性を感じるまで待つことは，診断結果を落ち着いて受け止めるように気持ちを整えることにつながる。(樽本，第18章)

受診：専門医受診については，保護者にとっては敷居が高いので，筆者が予約を取り，できる限り同席する。(岡田，第20章)

受診の意味：医療機関での診断の意味は，決してレッテル貼りではなく，その子の特性に応じた適切な支援をうけるため((岡田，第20章)

自分の順番：驚いたのは，その後のことである。そのわらべ歌が始まる以前は，保育とは無関係に保育室を縦横無尽に走り回っていたAD/HD傾向のある男の子が，

担任保育士の横にやってきて，自分の順番がくるのを待つのである。(大木，第10章)

衝動的な行動：一時的に〈間〉を与え，衝動的な行動を抑制させる。(樽本，第18章)

情動：子どもにとって，自分と情動を共有し，メッセージに気づいて応えてくれる存在は信頼できる。(熊谷，第9章)

徐放性メチルフェニデート：徐放性メチルフェニデートとアトモキセチン(松浦，第14章)

情報：現場での情報は，発達障害の医療に携わる者にとってとても貴重であり有用である。(松浦，第14章)

所長も同席：職員室に戻り，所長も同席のなかで順次担任とのコンサルテーションを行う。(大木，第10章)

「心理学，倫理学，論理学」第1講座の初代教授：(元良勇次郎は)93年になって帝国大学に設けられた「心理学，倫理学，論理学」第1講座の初代教授となっている。これ以降，「心理学」という学問が大学の文学部のなかで制度化していく過程をたどるのである。(大木，第6章)

診断基準：その行動が診断基準に当てはまるかどうかは家族や教師，医師の主観が大きく影響する。(松浦，第14章)

信頼関係：参加する者の意識が高く，熱意に対し熱意をもって臨む関係が，お互いの信頼関係を深め，さらには支援にもよい影響を与えていく。(入江，第13章)

心理社会的治療：発達障害に対する治療は大別すると心理社会的治療と薬物療法になる。(松浦，第14章)

心理的な子離れ：心理的な子離れ，心理的分離，心理的自立(岡田，第16章)

心理療法過程：時間をかけて関係を深め，安心できる居場所を築いたうえで機能していくという心理療法過程に重なる。(入江，第13章)

スクール・ガイダンス・カウンセラー：学校に，「スクール・ガイダンス・カウンセラー」「スクールサイコロジスト」「スクールソーシャルワーカー」の3人の専門家が入り，役割分担を明確にして支援を行っている。(入江，第13章)

「スクールカウンセラー活用調査研究委託」事業：文部省(現：文部科学省)は国の施策として「スクールカウンセラー活用調査研究委託」事業を1995年度からスター

トさせた。(大木，第6章)

生育歴：十分に生育歴を聴き取ることが子どもの行動特性の見極めには必要である。(樽本，第18章)

精神哲学：「精神哲学」の訳語として「心理学」を用いていることである。当時はまだ，心理学的内容が哲学のなかで扱われていたことを示す。(大木，第6章)

早期発見：早期発見，早期療育の効用を伝え，専門医受診(岡田，第20章)

相互理解：最初は，「何を話したらいいのか」や「どう話したらいいのか」に焦点を当ててしまいがちなコミュニケーションが，「どう聴けばいいのか」に焦点があたり，相互理解が深まった(岡田，第24章)

相談：発達障害をもつ子どもへの対応の必要性は喧伝されるものの，では，いざ発達障害をもつ子どものことで相談しようとすると，相談できるところがあまりない。(小川，第5章)

相談体制：将来的に発達障害児・者が自ら安心して利用できるような相談体制になればと願う。(樽本，第18章)

育つ力：誰もがもともともっている「育つ力」(熊谷，第9章)

成功体験：「成功体験」がくり返し経験されなければならない。(熊谷，第9章)

(た)

第三者性と外部性：「第三者性」「外部性」を有する心理職専門家であることが大前提として求められる立場。(大木，第6章)

対象となる子どもの数が多い：この保育所での巡回カウンセリングには，いくつかの特徴が認められる。そのひとつは，対象となる子どもの数が多いことである。1回2時間の予定のなかで，10人以上の子どもをみなければならないことがたびたびあった。(大木，第10章)

第2次性徴：第2次性徴による身体的変化に強い嫌悪感を示し…。(岡田，第16章)

立ち遅れている：世界的にみると，欧米諸国は元より，中国・韓国でも心理職国家資格がすでに整備されているのであり，日本が国際的に立ち遅れている状況になっている。(大木，第6章)

担任の先生との関係あるいは園との関係：担任の先生との関係あるいは園との関係は，このノートが続けられた1カ月程の間に，急速に変化していった。(大木，第11章)

父親同席：専門医受診に至っては，できるだけ父親も同席をお願いするようにしている。場合によっては，担任保育士や担任教員にも同席してもらうようにしている。(岡田，第20章)

強い叱責：強い叱責や恐怖は，その場の行動を正すことができ，一見，効果的に感じられる。しかし，子どものその先の成長を思うと，何ら「力」をつけていないことになる。(熊谷，第17章)

特性：発達障害の特性にあてはめてみるような理解の仕方ではなく，そこで育つ子どもの姿を多面的に理解する。(熊谷，第9章)

同時処理：同時に処理しなければならない事柄がたくさんある。これは，ASDの子どもたちにとってはやっかいなことである。目に見えない相手の気持ちを読み取ること，自分からはみえない自分の言動を客観視することは難しい。(熊谷，第17章)

仲間：実務感覚からは，家庭での孤独感や学校で疎外されている子が多いため，自分と共感できる仲間を求めて共犯事件に結び付きやすいと思われる。(廣田，第15章)

(な)

似顔絵：子どもの行動観察をする際に，記録用紙に簡単な似顔絵を描くようにしている。(熊谷，第17章)

にこやかでかつ嬉しそうな表情：顔を合わせた瞬間に，前回とはまったく異なるにこやかでかつ嬉しそうな表情で語りかけてこられた(大木，第11章)

二次障害　(岡田，第20章)

二者択一的な思考：子ども(年齢が小さいほど)は，二者択一的な思考をもっている。(熊谷，第23章)

年収400万円以下：臨床心理士は大学院の修士課程修了レベルの学歴を課す資格であるにもかかわらず，全体の約半数が年収400万円以下の低水準に留まっている。(大木，第6章)

(は)

ハイリスク：ハイリスク児童の早期発見（岡田，第24章）

発育・発達：子どもの発育・発達が気にかかる。（岡田，第20章）

話し合う：純粋に仕事を通して，担任教員と見立てや対応策を話し合うことで，その教員の仕事に対する熱意や葛藤に触れ，短い時間ではあったが，関係も深まった。（入江，第13章）

反発：理解されないことによる不信感が増大すると，教師に反発したり挑発したりするような行動が出現する。（熊谷，第17章）

非行動機：非行動機を直接的動機と間接的動機に分けて考えている。（廣田，第15章）

批判：自分の非を認めない偏狭さは，批判の対象になりやすい。（廣田，第15章）

評価：われわれ巡回員はコンサルテーションをする時には，できるだけそうした模索を評価してあげ，さらなる負担感を与えないように努めている。（大木，第10章）

不安症状：不安症状が出現したり，抑うつ状態になったりして不登校に至ってしまうことも多い。（岡田，第16章）

フォロー：3歳児健診後のフォローが必要な対象児だったにもかかわらず，保護者の多忙感を理由にフォローがうけられていない事例（樽本，第22章）

服薬：服薬しなくても自分で注意や行動を適切に調整できるようになり，快適な生活が送れるようになれば終了する。（松浦，第14章）

服薬：服薬は，あくまでも行動修正を助けるもの（熊谷，第17章）

不全感：いつもそこに不全感を感じているのである。（熊谷，第17章）

負担感：保育士の仕事は，かなり負担感が強いものであることがいわれている。（大木，第10章）

ペアレント・トレーニング　（松浦，第14章）

保育者：保育者が子どもたちの姿を丁寧にみている。（熊谷，第9章）

方法が一定に決まっている：方法が一定に決まっているため，自由には動きにくい。もう少し児童と関わりたいと思っても制約がある。（入江，第13章）

保健師：子育て支援課のスタッフである保健師が，ほとんどの巡回時に同行する。（大木，第10章）

暴力：暴力は，今まで抑えられてきた教師に対して，自分の力を誇示し，教師との力関係の逆転を狙ったもの(廣田，第 15 章)

保護者特に母親との個別相談につながる：保育所での巡回カウンセリングにおいて，実感することがもう 1 点ある。それは，保護者特に母親との個別相談につながる事例が多いということである。(大木，第 10 章)

保護者：保護者にさまざまなことを要求し，疲弊させてはいけない。(樽本，第 18 章)

保護者：まず保護者の気づきをほめ，これまでの関わりを労うことを第一に考えている。(岡田，第 20 章)

保護者支援：「保育所保育指針」の改定(告示)により「保護者に対する支援」が明記された(岡田，第 24 章)

(ま)

ままごと遊び：ままごと遊びは，子どものいろんな思いが表現される。(樽本，第 18 章)

見立てと対応：1 点目は個々の子どもにあった見立てと対応について適切な助言をえられること，2 点目は専門的な知見を有した第三者として保護者に対応してもらえること，3 点目は必要に応じて医療などの専門機関につなげられること，そして 4 点目は学校が気づかなかった発達障害をもつ子どもの発見により事前の対応が行えたこと。(小川，第 5 章)

民間情報教育局(CIE)：民間情報教育局(CIE)が教育改革などに関与したのである。高等教育，特に師範学校のあり方が改革された。(大木，第 6 章)

無断借用：発達障害をもつ場合のキーワードは「無断借用」である。(廣田，第 15 章)

物事の考え方：発達障害児の物事の考え方・とらえ方は，特異的であり，その感覚がどのようなものであるか(樽本，第 18 章)

問題行動の多様化と深刻化：日本の学校現場では，校内暴力，いじめ，不登校，学級崩壊，「キレる」子ども，非行など，児童生徒が示す問題行動の多様化と深刻化が進んでいた。(大木，第 6 章)

(や)

薬物療法：薬物療法は，発達障害の特性を改善する薬と，発達障害から二次的におこってくる問題行動や精神症状あるいは併存障害を改善する薬に大別される。(松浦，第14章)

養育環境：情緒的な交流がもちづらく，落ち着かない行動の背景には，乳幼児期の養育環境に起因するものもある。(樽本，第18章)

養育環境の不適切さ　(樽本，第18章)

養護教諭　(樽本，第18章)

幼少期：幼少期に考慮しなければならない点を見逃してしまう危険性。(岡田，第24章)

予算：予算の確保。(小川，第5章)

予防的：その子に対して予防的に関わることができる。(入江，第13章)

(ら)

来談：自主来談。(樽本，第22章)

臨床心理士：このスクールカウンセラーとしてもっとも多く採用されたのは，臨床心理士であった。全体の約9割を占めているのである。心理学の専門家が，その資格を生かして社会のなかで大量に受け入れられた最初の事例ではないかと考えられる。(大木，第6章)

連絡帳のような保育ノート：そこで筆者は連絡帳のような保育ノートをつくり，担任に一日の保育の様子を簡潔に記してもらい，それに対して母親も短いコメントを書くようにしてはという提案をした。(大木，第11章)

連絡ノート　(樽本，第22章)

おわりに

　私は，昨年2月初め，一過性脳虚血発作（TIA：transient ischemic attack）で倒れ入院した。結局この病気で2度入院してちょうど3週間ベッドにいた。痛い検査もうけた。将来のリスクを軽減すべく手術もうけ，8時間手術台にいることになった。こういうとき，ひとは何かの「開始」を暗示される。

　丸亀市発達障害児支援協働事業の経過報告をしておかねばならない。そう思った。市役所と学校教育課でこの事業の担当をしてくれている方々やNPOスタッフ，そして，相談員たちの一人ひとりに，このひとにはこれ，あのひとにはあれ，と報告のまとめを依頼するイメージが一挙に溢れた。折角ここまで漕ぎ着けたこの事業を，自分が長の時代にまとめておこうという，従前より抱いていた業務的な作業のイメージではなく，各位宛の原稿依頼とテーマまでに膨らんでいた。一度こうなるとやってみるまで仕舞いにできない性格は入院しても変わるはずがない。そして，唐突に原稿の依頼をし，皆 快諾してくれた。

　揃った原稿は，はたして本書1冊には収まり切らない，もう少し執筆をお願いして，それぞれの仕事をもっと十分にまとめたい，という衝動に駆られるものだった。それは執筆者各位の今後に委ねることとする。

　出版企画と同時に実は出版社は決めていた。皆の快諾後，その日のうちに学文社に連絡を取った。学文社の社長の田中千津子さんには以前やはり仲間たちで出した『子どもたちは本当に変わってしまったのか』（会沢勲・石川悦子・浅川希洋志共著）の折にお世話になり，ご縁が生まれた。心理学や大学教育の未来を考える姿勢に，まだ少しだけ若かった私にはその思慮の重みはおそらくすべてわかっていたわけではない。あれから10年以上時が流れ，今はどうだろう。少しはその言葉にお応えできるものとなったろうか。そのときも書き手を大切にしてくださった，松尾陽一郎さんと落合絵理さんに企画をみていただいた。忍耐強さと，心理学にある私たちへの応援に心よりの感謝を申し上げたい。

　　2015年2月6日　　　　　　　　　　　　　　　編者　あいざわいさお

発達障害児とその家族を支える―香川県丸亀市の挑戦―

2015年8月10日　第一版第一刷発行

編著者――あいざわいさお

発行者――田　中　千津子

発行所――株式会社　学　文　社

〒153-0064　東京都目黒区下目黒3-6-1
電話(03)3715-1501㈹　振替00130-9-98842
http://www.gakubunsha.com

落丁・乱丁本は，本社にてお取り替えします。
定価は売上カード・カバーに表示してあります。

印刷／新灯印刷㈱
（検印省略）

ISBN 978-4-7620-2555-6
Ⓒ 2015　AIZAWA Isao　Printed in Japan